tasty but make it VEGAN

Community EDITIONS

tasty but make it VEGAN

Über **60 easy Rezepte** für den Einstieg in die vegane Küche

Inhalt

Übrigens: Die Rezepte, die mit dem Croissant markiert sind, sind original französische Rezepte! Bon appétit!

Vorwort

Hi! Wenn du das hier liest, wurde ein großer Traum realisiert: mein eigenes veganes Kochbuch! Ich bin so glücklich, dass ihr das Buch nach der ganzen Arbeit endlich in den Händen halten könnt!

Für die, die mich noch nicht kennen: Ich bin Laura, 21 Jahre alt, Studentin und teile mein Leben inzwischen seit über fünf Jahren auf Social Media. Als ich angefangen habe, mich mit dem Thema Ernährung und vor allem mit veganer Ernährung zu beschäftigen, habe ich viele Fragen zu meinen Rezepten bekommen. Und so ist dann die Idee für dieses Kochbuch entstanden! :)

Wieso vegane Rezepte? Ich bin der Meinung, dass für mich kein Tier sterben oder leiden soll. Aus diesem Grund habe ich mich damals entschlossen, komplett auf tierische Produkte zu verzichten. Ich bin aber auch der Meinung, dass jeder noch so kleine Schritt in Richtung der veganen Ernährung wichtig ist. Aus diesem Grund liegt es mir besonders am Herzen, dass sich jeder mit diesem Buch wohlfühlt, egal ob Veganer, Vegetarier, Pescetarier oder gar nichts davon. Natürlich würde es mich freuen, wenn euch das Buch motiviert, den Konsum von tierischen Produkten einzuschränken, und ihr Geschmack an der veganen Küche findet. Lasst mich gerne wissen, wenn ihr ein Gericht nachgekocht habt! Ich bin supergespannt auf eure Bilder!!!

Ohne mein großartiges Team wäre dieses Buch niemals entstanden. Ein Riesen-Dankeschön an mein Management ALL IN, insbesondere Diana, Nina, Marvin und Robert! Danke auch an meinen Verlag Community Editions, der mir dabei geholfen hat, dieses Projekt zu verwirklichen. Zuletzt möchte ich mich bei meinen Eltern bedanken, die mich nicht nur mit Ideen unterstützt haben, sondern auch ganz praktisch beim Kochen.

Danke, danke, danke!!!

Vegan Step by Step

Du möchtest gerne vegan werden – weißt aber nicht wie? I got you!

„Ich könnte niemals vegan leben! Was esse ich denn dann?“ Genau das habe ich vor noch nicht allzu langer Zeit selbst gesagt. Inzwischen lebe ich schon seit mehr als einem Jahr vegan und kann im Rückblick darüber nur lachen.

Das Ganze ist tatsächlich nicht so schwierig. Am besten schaffst du den Übergang Schritt für Schritt, und das geht so:

Step 1:

INFORMIERE DICH

Informiere dich mit Dokus oder Büchern über die industrielle Massentierhaltung. Viele Missstände bekommt man tatsächlich als Verbraucher gar nicht mit, und deshalb war ich schockiert, wie viel ich nicht wusste und wie sehr die Tiere leiden müssen. Sei aber gewarnt: Manche dieser Dokus sind tatsächlich schwer zu ertragen und vielleicht nicht für jeden empfehlenswert.

Step 2:

VEGETARISCH

Wenn du einen sanften Übergang suchst, kannst du zunächst auf Fleisch und Fisch verzichten. Dafür gibt es eine riesige Auswahl an Ersatzprodukten. Egal ob Wurst, Aufstrich, Steaks oder Schnitzel – du wirst für alles eine vegetarische Alternative im Supermarkt finden. Jeder hat einen anderen Geschmack, aber ich finde, dass die Ersatzprodukte größtenteils wirklich sehr nah an das Original herankommen. Und wenn dir einmal etwas nicht schmeckt, gib nicht direkt auf, sondern probiere dich durch das Sortiment.

3

Step 3:

MILCHPRODUKTE

Dass die Milchindustrie fast genauso schlimm ist wie die Fleischindustrie, verdrängen die meisten leider. Aber es gibt im Regal eine Vielzahl von pflanzlichen Alternativen neben der Kuhmilch. Egal ob Reis-, Mandel-, Hafer-, Soja- oder Cashewdrink, du wirst sicher etwas finden. Und auch für Milchprodukte wie beispielsweise Joghurt, Sahne, Crème fraîche, Käse und Eis gibt es Ersatz auf pflanzlicher Basis, der geschmacklich mit dem Original gut mithalten kann. Sogar das Käsesortiment bekommt immer mehr Zuwachs. Probiere dich auch hier durch, geh nicht voreingenommen an die Sache heran und gib den Alternativen eine Chance. Mein Tipp: Die Power liegt oft in der Würze. Wenn dir etwas nicht so gut schmeckt, kannst du mit Kräutern und Gewürzen nachhelfen.

Step 4:

STELL DICH AUF DIE PROBE!

Wenn du dich für den Wechsel bereit fühlst und wirklich motiviert bist, kannst du zunächst einen begrenzten Zeitraum festlegen, in dem du dich komplett vegan ernähren willst. Ich habe mit einer Woche angefangen und den Versuch anschließend direkt auf einen Monat ausgedehnt. Als der Monat vorbei war, wusste ich, dass ich nichts vermisse und gerne weiter so leben möchte.

Aber: Wenn du nicht ganz auf etwas verzichten kannst, solltest du dich davon nicht entmutigen lassen. Jeder einzelne Schritt in die vegane Richtung ist meiner Meinung nach ein Erfolg und verringert das Leid der Tiere – auch kleine Schritte zählen. Alleine schon, dass du dir dieses Buch gekauft hast. Versuche einfach, immer mehr vegane Rezepte in deinen Alltag zu integrieren, und achte auf gute Tierwohl-Standards, wenn sich der Kauf von tierischen Produkten wirklich nicht vermeiden lässt.

4

Must-haves Tools in der Küche

Ich war komplett aufgeschmissen, als ich damals von zu Hause ausgezogen bin und auf einmal eine eigene Küche hatte. Damit ihr mit mehr Plan als ich in der Küche durchstarten könnt, habe ich euch hier meine Küchen-Must-haves zusammengestellt:

Mixer
(muss nicht teuer sein)

Messer
(Brotmesser, scharfes Gemüsemesser und Schälmesser)

Schneidebrett

Töpfe
(einen großen, einen kleinen und optional einen mittleren)

Suppenkelle

Pfannenwender

Pfannen
(eine große, eine mittlere und optional dazu noch eine kleine)
Wenn du keine beschichtete Pfanne hast, kannst du zum Anbraten etwas Öl oder vegane Butter in die Pfanne tun.

Sieb

Sparschäler

Flaschenöffner

Schüsseln zum Rühren

Messbecher

Reibe

Kochlöffel

Pizzaroller

Schneebesen

Schere

Kartoffelstampfer

Zitronenpresse

Salatschleuder

Knoblauchpresse

Must-haves Food

Als ich meine erste eigene Wohnung hatte, war ich einfach komplett überfordert: Ich wusste gar nicht, was ich zum Kochen alles brauche. Klar kennt man die Klassiker wie Gemüse, Obst, Kohlenhydrate und Eiweiß, aber was sonst noch sinnvoll wäre, um es immer griffbereit zu haben, war mir nicht klar. Deshalb habe ich euch hier meine Top 7 aufgelistet, die in veganen Gerichten recht oft vorkommen.

Nüsse

Nüsse enthalten viele gesunde Fette, sind reich an Proteinen, enthalten Mineralstoffe wie Zink, Eisen und Magnesium und liefern dem Körper viele Vitamine, die sich positiv auf die Gesundheit auswirken können. Nüsse kannst du sehr vielseitig verarbeiten. Egal ob gehackt, geröstet oder karamellisiert – sie eignen sich perfekt als Topping oder als Snack.

Kürbiskerne

Kürbiskerne schmecken nicht nur gut, sie enthalten wichtige Mineralstoffe wie Zink, Kalium und Magnesium, die Herzerkrankungen vorbeugen können.

Chiasamen

Chiasamen haben einen hohen Gehalt an Eiweiß und Ballaststoffen und können die Verdauung fördern. Und auf einer Bowl sind die kleinen Körner ein schönes Topping.

Erdnussbutter

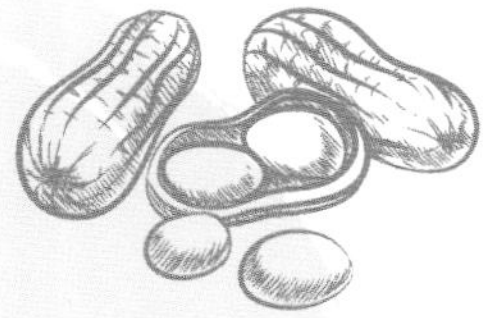

Dank der Erdnüsse enthält sie reichlich Proteine, gesunde Fette und Magnesium – wichtige Inhaltsstoffe für unseren Körper. Mit etwas Erdnussbutter kannst du viele Gerichte ganz einfach aufpeppen und den Geschmack intensivieren.

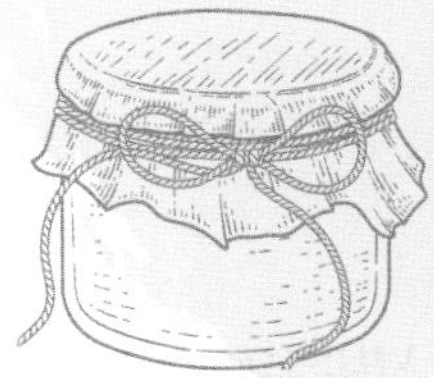

Tahin

Die Creme aus gemahlenen Sesamkörnern eignet sich perfekt für Saucen oder Salatdressings und ist aufgrund des hohen Gehalts an Omega-6-Fettsäuren auch sehr gesund.

Sesamöl

Vor allem für asiatische Gerichte perfekt geeignet – es ist aromatisch, aber nicht zu geschmacksintensiv. Aber auch in Salatdressings macht es sich gut!

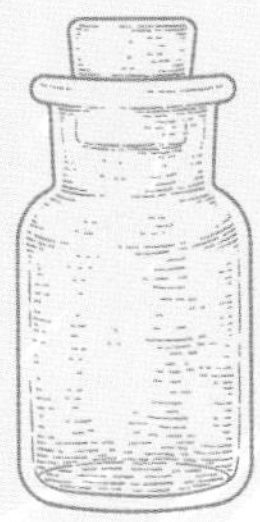

Sojasauce

Mit Sojasauce kannst du jedes Gericht aufpeppen, würzen und verfeinern, aber vor allem in Kombination mit Tofu will ich sie dir ans Herz legen.

All about Tofu

In der veganen Ernährung ist Tofu ein super Proteinlieferant. Er wird ganz klassisch aus Sojabohnen hergestellt – er ist quasi Quark aus Sojamilch. Das Tolle an Tofu: Tofu ist nicht gleich Tofu. Wenn du einmal Tofu gegessen hast, der dir nicht geschmeckt hat, muss das nicht gleich bedeuten, dass du keinen Tofu magst. Es gibt verschiedene Arten von Tofu und unzählige Zubereitungsmöglichkeiten, die sich geschmacklich stark unterscheiden.

Das sind die verschiedenen Sorten:

1. NATURTOFU

Das ist der Klassiker. Du kannst ihn frittieren, panieren oder marinieren. Und auch für Rührtofu eignet er sich am besten.

2. SEIDENTOFU

Diese Tofuvariante ist weicher und eher cremig und daher perfekt für Suppen, Dips, süße Nachspeisen oder als Quarkersatz.

3. ERDNUSSTOFU

Klassischer Tofu, der mit Erdnussstücken gemischt wurde. Mein absoluter Favorit! Durch die Erdnüsse bekommt der Tofu mehr Geschmack und ein bisschen Crunch. Er eignet sich besonders für asiatische Gerichte.

4. RÄUCHERTOFU

Durch das Räuchern hat dieser Tofu eine etwas festere Konsistenz als die anderen, der leicht würzige und rauchige Geschmack erinnert an Speck. Damit ist dieser Tofu zum Beispiel ideal in einer Gemüsepfanne oder für vegane Spaghetti Carbonara.

Mehr Power mit Kräutern, Gewürzen & Co

Es ist wirklich supereasy, ein Gericht mit Gewürzen oder Kräutern aufzupeppen. Hier findet ihr meine Favoriten und dazu ein paar Ideen, wie man sie am besten einsetzt.

Meine Basics

Salz
schwarzer Pfeffer
Paprikapulver
Knoblauchpulver
Currypulver
Ingwerpulver
Zimt

AUS FLASCHEN UND GLÄSERN

Sojasauce
Reisessig
Apfelessig
Tahin (kein klassisches Gewürz, aber sorgt für die richtige Cremigkeit)

FRISCHE KRÄUTER

Basilikum
Minze
Koriander
Dill

GOOD TO KNOW

Muskat
(für Kartoffelpüree oder Gratin)

Kala Namak
(schwarzes Salz aus Indien, das nach Ei riecht und schmeckt)

Hefeflocken
(eignen sich gut als Käseersatz in Gerichten oder Dips)

Saisonkalender

Im Supermarkt findet man die meisten Obst- und Gemüsesorten zwar das ganze Jahr über, aber trotzdem ist es wichtig zu wissen, wann eigentlich was Saison hat. Hier findet ihr einen kleinen Überblick darüber, wann welche Obst- und Gemüsesorten wachsen.

Obst

	JAN	FEB	MRZ	APR	MAI	JUN	JUL	AUG	SEP	OKT	NOV	DEZ
Apfel	○	○	○	○	○	○	○	●	●	●	○	○
Aprikose							●	●				
Birne	○						●	●	●	●	○	○
Brombeere							●	●	●			
Erdbeere					●	●	●					
Heidelbeere						●	●	●	●			
Himbeere						●	●	●	●			
Johannisbeere						●	●	●				
Kirsche						●	●	●				
Mirabelle							●	●	●			
Nektarine							●	●	●			
Pfirsich							●	●	●			
Pflaume							●	●	●			
Stachelbeere							●	●	●			
Wassermelone								●	●			
Weintraube									●			
Zwetschge						●	●	●	●			

Gemüse

	JAN	FEB	MRZ	APR	MAI	JUN	JUL	AUG	SEP	OKT	NOV	DEZ
Aubergine						H	H	H	H	H		
Blumenkohl					H	H	H	H	H	H	H	
Bohne (grüne)						H	H	H	H	H		
Brokkoli						H	H	H	H	H	H	
Champignon	H	H	H	H	H	H	H	H	H	H	H	H
Erbse						H	H	H				
Karotte	N	N	N	N	N	N	H	H	H	H	H	N
Kartoffel	N	N	N	N	N	H	H	H	H	H	N	N
Kohlrabi					H	H	H	H	H	H		
Kürbis	N	N	N					H	H	H	H	N
Mais							H	H	H	H		
Paprika						H	H	H	H	H		
Porree/Lauch	N	N	N	N	N	N	N	H	H	H	H	H
Rosenkohl	H									H	H	H
Rote Bete	H	H	H						H	H	H	H
Rotkohl	N	N	N	N	H	H	H	H	H	H	H	N
Salatgurke					H	H	H	H				
Spargel				H	H	H						
Spinat				H	H	H	H	H	H	H		
Süßkartoffel									H	H		
Tomate							H	H	H			
Zucchini						H	H	H	H			
Zwiebel	N	N	N	N	N	N	H	H	H	H	N	N

Hauptsaison (H)

Nebensaison (N)

Foodplan

Vor allem in stressigen Zeiten finde ich es praktisch, schon vorher zu wissen, was ich die nächsten Tage kochen möchte. Seit ich solche Pläne führe, muss ich auch nicht mehr jeden zweiten Tag einkaufen gehen, weil ich für ein bestimmtes Rezept spontan noch etwas brauche. Als Inspiration habe ich euch hier mal Tagespläne für eine ganze Woche ausgefüllt!

Die Vorlage könnt ihr mit dem QR-Code runterladen und ausdrucken.

Beispielwoche

	MORGENS	MITTAGS	ABENDS
MONTAG	Joghurtbowl S. 38	Sommerrollen S. 88	Zitronenpasta S. 132
DIENSTAG	Porridge S. 30	Nudelsalat S. 86	Reste
MITTWOCH	Avocadobrot S. 24	Fitnessbowl S. 54	Bratkartoffelpfanne S. 124
DONNERSTAG	Granola mit Pflanzendrink S. 26	Reste	Kichererbsencurry S. 138
FREITAG	Porridge S. 30	Buddha-Bowl S. 56	gefüllte Paprikaschote S. 128
SAMSTAG	Banana-Oatmeal-Cookies S. 28	Joghurtsalat S. 82	Lasagne S. 110
SONNTAG	Schoko-Frucht-Pancakes S. 34	Pasta mit Avocado-pesto S. 112	Reste

Dein Foodplan

MONTAG

DIENSTAG

MITTWOCH

DONNERSTAG

FREITAG

SHOPPING LIST

SAMSTAG

SONNTAG

Breakfast & Brunch

Egal ob du süß frühstückst oder morgens lieber etwas Herzhaftes isst – hier ist auf jeden Fall etwas dabei für dich! Die meisten Rezepte eignen sich auch perfekt to go, für Uni oder Arbeitsplatz.

Bowl-Toppings

GEBRATENE BANANE

1 Portion

Zubereitung: 5 Minuten

Zutaten

1 Banane

Geht supereinfach und schmeckt unfassbar gut! Du kannst die Bananenscheiben als Topping für Bowls verwenden, aber auch Porridge, Müsli oder Brot damit aufpeppen.

Zubereitung

1. Schneide die Banane in Scheiben, gib diese in eine Pfanne und brate sie kurz auf mittlerer Stufe. Wende sie, sobald sie leicht goldbraun sind. Vorsicht: Sie verbrennen schnell!

2. Jetzt kannst du die Bananenscheiben aus der Pfanne nehmen und auf deine Bowl geben.

ZIMTÄPFEL

1 Portion

Zubereitung: 5 Minuten

Zutaten

1 Apfel
etwas Butter oder Öl
1 EL Zimt

Zimtäpfel gehen superschnell, sind wirklich supereasy und schmecken vor allem auf Bowls oder einfach so als Snack wirklich gut!

Zubereitung

1. Wasche den Apfel und schäle ihn nach Bedarf. Schneide ihn nun in kleine Stücke und gib ihn in eine Pfanne.

2. Nun fügst du etwas Butter oder Öl hinzu und erhitzt die Pfanne auf mittlerer Stufe. Gib nach etwa 2 Minuten den Zimt hinzu und vermenge alles.

Avocado-

BROT

1 Portion

Zubereitung: 10 Minuten

Zutaten

1 Scheibe Brot

veganer Frischkäse zum Bestreichen

1 Avocado

Zitronensaft

Salz und Pfeffer

Granatapfelkerne zum Bestreuen

Avocadotopping-Gewürz, wer mag

Tipp

Du musst keinen ganzen Granatapfel kaufen – die Kerne gibt es auch abgepackt im Supermarkt.

Zubereitung

1. Nimm eine Scheibe Brot deiner Wahl und röste sie im Toaster oder der Pfanne, bis sie schön gebräunt ist. (Achtung: nicht zu lange, sonst wird das Brot hart!)

2. Bestreiche das Brot mit einem Frischkäse deiner Wahl.

3. Halbiere und entsteine die Avocado. Gib dann das Fruchtfleisch in eine Schüssel und zerdrücke es mit einem Schuss Zitronensaft und Salz und Pfeffer nach Geschmack. Am besten geht das mit einer kleinen Gabel. Gib die Granatapfelkerne in ein Sieb und spüle sie kurz ab.

4. Streiche nun die Avocadocreme auf die Frischkäseschicht und toppe das Ganze mit den Granatapfelkernen und, wenn du magst, mit Avocadotopping-Gewürz.

Guacamole

1–2 Portionen

Zubereitung: 10 Minuten

Zutaten

⅓ Zwiebel
1 kleine Knoblauchzehe
1 TL Zitronensaft
Salz und Pfeffer
1 Tomate
1 Avocado

Zubereitung

1. Schäle die Zwiebel und den Knoblauch und schneide beides in kleine Würfel. Gib nun den Zitronensaft und etwas Salz und Pfeffer dazu und vermische alles gut.

2. Anschließend schneidest du die gewaschene Tomate in kleine Würfel. Dann wird die Avocado halbiert, der Stein entfernt, das Fruchtfleisch mit einem Löffel aus der Schale gelöst und anschließend in kleine Stücke geschnitten.

3. Nun gibst du die Avocado und die Tomate mit den bereits vermengten Zutaten in einen Mixer und mixt alles ca. 5 Sekunden auf höchster Stufe. Es sollten keine groben Stücke übrig bleiben, allerdings darf die Guacamole auch nicht flüssig werden. Kleine Stückchen sind perfekt. Wer keinen Mixer hat, zerdrückt das Ganze mit einer Gabel.

4. Anschließend probierst du die Guacamole und schmeckst sie ab, wie es dir gefällt. Du kannst sie mit Tomatenvierteln garnieren.

Granola

SELBST GEMACHT

10–15 Portionen

Zubereitung: 40 Minuten

Zutaten

BASISZUTATEN

200 g Haferflocken
1 Prise Salz
2 EL Leinsamen (30 g)
30 g gehackte Nüsse
20 g Kokosöl
50 ml Agavendicksaft

SCHOKOLADIG

2 EL Kakaopulver und/oder kleine Schokostückchen

ZIMT-GESCHMACK

1 EL Zimt

FRUCHTIG

getrocknete Früchte
1 EL Vanilleextrakt
1 Banane, zerdrückt
Erdnussbutter

Granola kannst du wie Müsli in Joghurt oder Milch geben oder einfach so snacken! Es lässt sich perfekt auf Vorrat machen – die Menge ergibt ungefähr 10–15 Portionen.

Zubereitung

1. Heize deinen Backofen auf 160 °C Ober- und Unterhitze vor und lege ein Backblech mit Backpapier aus.

2. Wir beginnen mit der Base. Dafür vermengst du die Haferflocken, das Salz, die Leinsamen und die gehackten Nüsse miteinander und gibst anschließend das Kokosöl und den Agavendicksaft hinzu. Dann verrührst du das Ganze.

3. Anschließend kannst du dein Granola nach Belieben geschmacklich aufpeppen. Ich gebe gerne Kakaopulver und kleine Schokostücke hinzu.

4. Nun gibst du dein Granola auf das Backblech und verteilst es, sodass sich keine großen Häufchen bilden und eine ebene Oberfläche entsteht. Dann wird es im vorgeheizten Ofen 25 Minuten geröstet.

5. Nachdem du das Blech aus dem Ofen genommen hast, muss das Granola 5–10 Minuten abkühlen, danach kannst du es zerkleinern. Du kannst dich an dem Bild orientieren, aber die Stücke auch größer oder noch kleiner machen, ganz wie du magst!

Banana-

OATMEAL-COOKIES

ca. 10 Cookies

Zubereitung: 30 Minuten

Zutaten

3 Bananen
1 TL Erdnussbutter
150 g Haferflocken
1 TL Vanilleextrakt
2 TL Schokostücke

Zubereitung

1. Heize deinen Backofen auf 180 °C Ober- und Unterhitze vor und lege ein Backblech mit Backpapier aus.

2. Zuerst schälst du die Bananen und zerdrückst sie dann in einer Schüssel mit einer Gabel, sodass eine leicht cremige Masse entsteht. Anschließend kommen die Erdnussbutter, die Haferflocken und der Vanilleextrakt hinzu. Zuletzt fügst du die Schokostücke hinzu und verrührst alles. Wenn dein Teig noch zu flüssig ist, kannst du weitere Haferflocken hinzugeben.

3. Anschließend formst du kleine Häufchen (beispielsweise mit zwei Teelöffeln) und gibst diese auf das Backblech. Du kannst optional noch ein paar Schokostückchen obendrauf geben.

4. Die Kekse kommen für 15 Minuten in den vorgeheizten Ofen. Dann abkühlen lassen, damit sie ein wenig fester werden – und jetzt wegsnacken!

Tipp

Auch mit weißen Schokostückchen schmecken die Cookies super.

Porridge

1 Portion

Zubereitung: 8 Minuten

Zutaten

50 g Haferflocken
130 ml Wasser oder Haferdrink
1 Prise Salz

TOPPINGS

gebratene Banane
Bananenpancakes
Ahornsirup
Erdnussbutter
Schokostückchen
veganer Joghurt
Obst
Süßungsmittel,
z. B. veganer Honig oder Agavendicksaft

Porridge ist einer meiner Favoriten, um gut in den Tag zu starten. Es hält lange satt, schmeckt gut und man kann es nach Geschmack toppen – Jackpot! Porridge eignet sich außerdem perfekt zum Mitnehmen oder wenn es schnell gehen muss! :)

Zubereitung

1. Gib die Haferflocken mit dem Wasser in einen Topf und erhitze alles 3–4 Minuten auf mittlerer Stufe. Dabei immer wieder umrühren, bis das Porridge schön cremig ist, und 1 kleine Prise Salz hinzufügen.

2. Anschließend kannst du dein Porridge in eine Schüssel geben und mit den Toppings deiner Wahl ergänzen.

Tipp

Meine Favoriten sind vegane Nuss-Nougat-Creme, Bananenscheiben und Skyr Style Soja-Joghurt.

Classic Fluffy
PANCAKES

ca. 5 Pancakes

Zubereitung: 10–15 Minuten

Zutaten

225 g Mehl
1 EL Backpulver
2 EL Zucker
1 Prise Salz
350 ml Haferdrink
2 EL Öl oder weiche vegane Butter

Pancakes sind perfekt, um gut gelaunt in den neuen Tag zu starten! Es gibt so viele verschiedene coole Arten von Pancakes, und deshalb gebe ich euch hier gleich drei Rezepte. :D

Zubereitung

1. Zunächst mischst du alle trockenen Zutaten – also Mehl, Backpulver, Zucker und etwas Salz – in einer Schüssel. Anschließend rührst du den Haferdrink und das Öl oder die Butter unter.

2. Jetzt werden die Pancakes gebacken: Du erhitzt eine Pfanne bei mittlerer Temperatur und gibst jeweils einen Klecks oder eine Kelle Teig hinein. Sobald die Unterseite goldbraun ist, kannst du die Pancakes wenden.

3. Jetzt kannst du sie noch mit Toppings aufpeppen – fertig!

Schoko-Frucht-

PANCAKES

3–4 Pancakes

Zubereitung: 10–15 Minuten

Zutaten

90 ml Haferdrink
80 g Haferflocken
1 TL Backpulver
Schokostückchen nach Geschmack
Obst (beispielsweise ½ Banane oder 1 Handvoll Heidelbeeren)

Zubereitung

1. Gib den Haferdrink mit den Haferflocken und dem Backpulver in einen Mixer und vermische alles, bis ein Teig mit cremiger Konsistenz entsteht. Anschließend gibst du die Schokostückchen hinzu und rührst sie von Hand unter, sodass sie gut im Teig verteilt sind.

2. Je nachdem wie groß oder klein du deine Pancakes haben möchtest, kannst du nun deinen Teig einteilen und die Pancakes nacheinander in einer Pfanne bei mittlerer Temperatur backen, bis eine Seite goldbraun ist. Dann wendest du den Pancake und lässt auch die andere Seite braun werden.

3. Jetzt nur noch die Früchte dazugeben und off you go!

Mini-Bananen-

PANCAKES

1 Portion

Zubereitung: 15 Minuten

Zutaten

40 g Mehl
⅓ TL Backpulver
1 Prise Salz
45 ml Wasser oder Haferdrink
1 Banane

Mit diesen Minis kannst du nicht nur deine Bowls aufpeppen, sie sind auch super als kleiner Snack nebenbei. Und sie lassen sich auch mit anderem Obst zubereiten, wenn du das willst.

Zubereitung

1. Für den Teig verrührst du das Mehl, das Backpulver und das Salz mit dem Wasser oder dem Haferdrink, bis keine Klümpchen mehr zu sehen sind.

2. Anschließend schneidest du die Banane in dünne Scheiben.

3. Jetzt tunkst du die Bananenscheiben in den Teig, bis sie davon umhüllt sind. Dann gibst du sie in eine Pfanne und brätst sie, bis sie auf beiden Seiten goldbraun sind.

Tipp

Mit Agavendicksaft und Beeren servieren oder als Topping für eine Bowl verwenden.

Joghurt-Bowl

1 Portion

Zubereitung: 10 Minuten

Zutaten

200 g Soja-Joghurt

TOPPINGS NACH WAHL

Früchte (Banane, Beeren, Birne, Apfel …)

Granola

Müsli

Nüsse

Schokostückchen

Erdnussbutter

Chiasamen

Süßungspulver

Proteinpulver

…

Zubereitung

1. Gib den Soja-Joghurt in eine mittelgroße Schüssel. Anschließend schneidest du das Obst deiner Wahl in mundgerechte Stücke, gibst diese mit weiteren Toppings hinzu und vermischst alles.

Meine Lieblingskombi: etwas Granola mit Süßungspulver, Proteinpulver und zwei verschiedene Früchte

Mamas gesundes MÜSLI

2 Portionen

Zubereitung: 10 Minuten

Zutaten

2 EL Studentenfutter

1 Banane

1 Apfel

1 Pfirsich oder anderes Obst

2–3 EL Soja-Joghurt

1 EL Sonnenblumenkerne

2 EL Haferflocken

Zubereitung

1. Gib das Studentenfutter in einen Mixer und zerkleinere es.

2. Schäle die Banane, schneide das Obst in kleine Stücke und gib es zusammen mit dem Soja-Joghurt und den Sonnenblumenkernen hinzu. Jetzt kommen noch die Haferflocken dazu, dann wird alles von Hand gut verrührt.

Tipp

Als Topping eignen sich gut Erdnussbutter, Nuss-Nougat-Creme, getrocknete Früchte etc.

Obstmilch

1 Portion

Zubereitung: 5 Minuten

Zutaten

Obst deiner Wahl (zum Beispiel 2 Bananen oder 100 g Erdbeeren)

300 ml Pflanzendrink deiner Wahl

etwas Zucker (je nachdem, wie süß das Obst ist)

Obstmilch ist als Erfrischung, als Snack oder gegen den Durst perfekt und geht supereasy!

Zubereitung

1. Schäle oder wasche das Obst deiner Wahl und schneide es in grobe Stücke, falls nötig. Gib es dann in einen Mixer und mixe es, bis es fein püriert ist. Anschließend gibst du den Pflanzendrink und Zucker nach Geschmack hinzu. Dann noch einmal auf mittlerer Stufe durchmixen, bis eine flüssig-cremige Konsistenz erreicht ist.

Bowls

Du hast wenig Zeit, möchtest nicht lange in der Küche stehen, aber trotzdem gesund essen? Dann probiere mal diese Bowls aus! Hier findest du abwechslungsreiche internationale Rezepte, die ich persönlich mit den jeweiligen Ländern verbinde. Außerdem kannst du mit dem Bowl Guide anhand meiner Tipps deine eigenen Bowls zusammenstellen.

Bowls

MIX & MATCH

Bowls sind nicht nur superlecker, sondern dazu auch noch in den meisten Fällen healthy und gut für unsere Gesundheit. Da du die Kombinationen komplett frei zusammenstellen kannst, hast du die volle Kontrolle über den Geschmack und die Nährwerte! Möchtest du beispielsweise eine proteinhaltige Bowl, dann fügst du dementsprechend einfach mehr proteinhaltige Zutaten hinzu.

On top ist das Ganze auch nachhaltig, da du in Bowls supereinfach Reste verwerten kannst. Wenn dir beim Kochen eines anderen Gerichtes beispielsweise Gemüse oder Reis übrig bleibt und für ein neues Rezept nicht mehr ausreicht, dann kannst du die Reste supereinfach in die Bowls einbinden!

Damit du perfekt für deine eigenen Bowl-Kreationen informiert bist, habe ich dir auf den nächsten Seiten ein paar Zutaten aufgelistet, die sich gut kombinieren lassen.

Guten Appetit und viel Spaß beim Kombinieren!!!

Bowl-Dressings

Grundsätzlich kannst du für deine Bowls jedes Dressing verwenden, das dir schmeckt, du kannst auch gar keine Sauce nehmen. Als kleine Inspiration habe ich dir meine liebsten Dressings aufgeschrieben, die sich nach Belieben kombinieren lassen.

Die Zutaten musst du einfach nur miteinander verrühren. :)

„Honey"-Mustard-Dressing

3 EL mittelscharfer Senf

1½ EL Ahornsirup oder veganer Honig

1 Prise Salz

Wasser nach Bedarf

Sesam-Soja-Dressing

2 EL Tahin (Sesammus)

2 EL Sojasauce

1 EL frisch gepresster Limetten- oder Zitronensaft

2 EL Wasser

1 EL Ahornsirup

1 EL Sesam

Balsamico-Vinaigrette

½ TL Agavendicksaft oder veganer Honig

½ TL mittelscharfer Senf

2 TL Oliven- oder Sesamöl

1 TL Balsamico-Essig

1 Prise Salz

1 Prise Pfeffer

Wasser nach Bedarf

Erdnussdressing

1 EL Erdnussbutter
1 EL Limettensaft
1½ TL Erdnussöl (oder Sesamöl)
1 EL Sojasauce
2 TL Agavendicksaft
1–2 TL Sesam
1 Prise Salz
Wasser nach Bedarf
Für extra Crunch: Nehmt Erdnussbutter mit Stückchen oder gebt ein paar gehackte Erdnüsse dazu!

Joghurtdressing

4 EL Soja-Joghurt
2 EL Zitronensaft
1 TL Olivenöl
1 TL Ahornsirup oder veganer Honig
½ Knoblauchzehe, fein gehackt
gehackter Dill
1 Prise Salz
1 Prise Pfeffer
Wasser nach Bedarf

Süßes Orangendressing

1 EL abgeriebene Bio-Orangenschale
3–4 EL Orangensaft
2 EL Ahornsirup oder veganer Honig
2 EL Apfelessig
2 EL Olivenöl
1 Prise Salz
Wasser nach Bedarf

Kombis

FÜR SÜSSE BOWLS

Süße Bowls sind zu egal welcher Jahreszeit einfach ein perfekter Snack oder ein schönes Frühstück, um gut in den Tag zu starten! Jede Bowl besteht immer aus einer Base und Toppings.

Base

Für die Base empfehle ich drei verschiedene Varianten:

1 veganer Joghurt

2 Porridge (siehe Seite 30)

3 Açaí-Pulver in etwas Joghurt oder Milch einrühren oder tiefgekühltes Açaí-Püree

Toppings

Bei der Auswahl der Toppings bist du komplett frei und kannst jedes Mal den Geschmack der Bowl ganz neu zusammenstellen.

- Granola (sehr gut für eine crunchy Konsistenz, siehe Seite 26)
- Chiasamen
- Erdnussbutter
- Zimt
- Kokosflocken
- Kakao
- Schokostückchen
- frisches Obst
- getrocknete Früchte
- gefrorene Früchte
- Nüsse (Walnüsse, Haselnüsse, Mandeln, Pistazien, Cashewkerne)

Als Inspo hier ein paar Kombinationen:

Joghurt-Base

1 in Scheiben geschnittene Banane
Chiasamen
1 TL Erdnussbutter
Granola
Schokostückchen

Porridge-Base

Zimt
½ Apfel
½ Birne
Kakao
Granola
Nüsse

Açaí-Base

Himbeeren und Heidelbeeren
zusätzlich Granola
Chiasamen, Pistazien
und Schokostückchen

Was sind deine Lieblingskombinationen?

Base	Toppings
____________	________________________
____________	________________________
____________	________________________

Kombis

FÜR HERZHAFTE BOWLS

Grundsätzlich empfehle ich dir eine 30–30–20–10–10-Kombination. Gemeint ist damit:

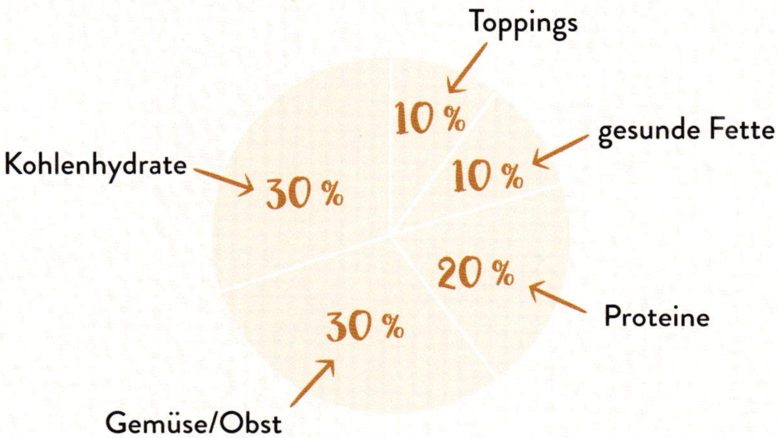

Für deine Bowls kannst du dich an diesen Kategorien orientieren und deine eigenen Kreationen zusammenstellen:

Base/ Kohlenhydrate

Für die Base empfehle ich dir verschiedene Varianten:

- Dinkel- oder Glasnudeln
- Kartoffeln oder Süßkartoffeln
- Reis
- Couscous
- Quinoa
- Hirse
- Mais

Gemüse/Obst

- Gurke
- Rote Bete
- Pilze
- Brokkoli
- Paprika
- Tomate
- Karotte
- Mais
- Mango

Proteine

- Kichererbsen
- Linsen
- Bohnen
- Erbsen
- Edamame
- Tofu und andere Sojaprodukte
- Nüsse

Gesunde Fette

- Nüsse
- Erdnussbutter
- Sesamkörner
- Leinsamen
- Avocado
- Oliven
- Olivenöl

Toppings

- Hummus
- Sprossen
- Kresse
- vegane Käsealternativen
- Kürbiskerne
- Sonnenblumenkerne
- Datteln

Fitness-

BOWL

1 Portion

Zubereitung: 20 Minuten

Zutaten

Salz
1 Tasse Reis
100 g Tofu
100 g Kichererbsen aus der Dose
2 EL Sojasauce
½ rote Zwiebel
⅓ Gurke
1 Radieschen
5 Kirschtomaten
½ Avocado
50 g Edamame
80 g Babyspinat

DRESSING:
Sesam-Soja-Dressing
(siehe Seite 48)

Diese Bowl liefert dir sehr viele Proteine und weitere wichtige Nährstoffe, die dein Körper nicht nur nach dem Sport braucht.

Zubereitung

1. Zuerst bringst du in einem Topf 2 Tassen leicht gesalzenes Wasser zum Kochen. Wenn das Wasser kocht, gibst du den Reis dazu und garst ihn nach Packungsangabe.

2. Inzwischen schneidest du den Tofu in kleine Würfel und gibst ihn zusammen mit den abgetropften Kichererbsen in eine Pfanne. Sobald sie anfangen zu brutzeln, beträufelst du sie mit der Sojasauce.

3. Während der Reis kocht und der Tofu und die Kichererbsen braten, kannst du die Zwiebel schälen und in Streifen schneiden. Anschließend wäschst du Gurke, Radieschen und Kirschtomaten. Die Gurke und das Radieschen werden in Scheiben geschnitten und die Kirschtomaten halbiert. Dann löst du die Avocado aus der Schale und schneidest sie in Scheiben.

4. Den fertig gegarten Reis gibst du in eine Schüssel, die restlichen Zutaten werden darauf und daneben arrangiert. Für ein schönes Finish reservierst du am besten ein Viertel der Fläche für den Reis und verteilst die weiteren Zutaten rundherum.

5. Jetzt noch ein Dressing deiner Wahl anrühren und dazugeben. Ich empfehle ein Sesam-Soja-Dressing (siehe Seite 48) und etwas Balsamico-Creme.

Buddha-

BOWL

1 Portion

Zubereitung: 20 Minuten

Zutaten

1 Tasse Glasnudeln, Quinoa oder Reis

Salz

100 g Tofu (ich nehme am liebsten Erdnusstofu)

150 g Kichererbsen aus der Dose

1 Schuss Sojasauce (optional)

1 Avocado

½ Mango

1 Karotte

1 Handvoll Cashewkerne

Limettenspalten zum Auspressen

DRESSING:
Erdnussdressing
(siehe Seite 49)

Die Buddha-Bowl ist meine absolute Lieblingsbowl! Ich habe sie einmal im Restaurant bestellt, weil es das einzige vegane Gericht war ... und sie hat mich so umgehauen, dass ich sie am nächsten Tag direkt zu Hause nachgekocht und abgewandelt habe! Als Base bieten sich hier verschiedene Varianten an, such dir aus, worauf du am meisten Lust hast, oder nimm einfach, was du gerade zu Hause hast. And here I proudly present: meine geliebte Buddha-Bowl!

Zubereitung

1. Für die Base deiner Wahl gibst du Glasnudeln, Quinoa oder Reis in leicht gesalzenes kochendes Wasser und garst sie nach Packungsangabe. Ich habe hier Glasnudeln verwendet.

2. Inzwischen schneidest du den Tofu in Scheiben, gibst ihn zusammen mit den abgetropften Kichererbsen in eine Pfanne und brätst alles goldbraun. Wer mag, gibt einen Schuss Sojasauce hinzu.

3. Jetzt kannst du die Avocado halbieren, entsteinen und aus der Schale lösen und die Mango schälen. Beides schneidest du anschließend in Scheiben. Die Karotte kannst du nach dem Schälen in Scheiben schneiden oder raspeln, ganz wie du magst.

4. Sobald der Tofu und die Kichererbsen fertig sind, gibst du sie auf einen Teller. Jetzt ist die Pfanne frei für die Cashewkerne: Du röstest sie bei mittlerer Hitze unter wiederholtem Wenden, bis sie leicht gebräunt sind.

5. Zum Schluss kommen alle Zutaten zusammen in die Bowl. Du kannst sie anrichten, wie es dir gefällt, oder dich von dem Foto inspirieren lassen. Die Limettenspalten zum Auspressen nicht vergessen!

6. Als Dressing empfehle ich dir hier das Erdnussdressing auf Seite 49. Lass es dir schmecken!

Italienische

BOWL

1 Portion

Zubereitung: 20 Minuten

Zutaten

70 g Nudeln
Salz
½ Zucchini
½ rote Paprikaschote
1 Handvoll Cashewkerne
10 Kirschtomaten
veganer Mozzarella (optional)
etwas Olivenöl
1 Handvoll Rucolablätter
Pfeffer
1 EL veganes Pesto
Basilikumblätter

DRESSING:
Balsamico-Vinaigrette
(siehe Seite 48)

Mit dieser Bowl kannst du dir Italien-Feeling nach Hause holen. Sie schmeckt warm oder kalt sehr gut, aber ich mag sie kalt am liebsten und lasse die Nudeln vorher abkühlen.

Zubereitung

1. Als Erstes kochst du die Nudeln in leicht gesalzenem Wasser nach Packungsangabe und gießt sie dann in ein Sieb ab. Wenn du die Bowl kalt genießen möchtest, lässt du die Nudeln 1–2 Stunden abkühlen, bevor du weitermachst.

2. Im zweiten Schritt wäschst du Zucchini und Paprika. Die Zucchini schneidest du in Scheiben und die Paprika in kleine Stücke. Zusammen mit den Cashewkernen brätst du sie in einer Pfanne, bis sie etwas Farbe angenommen haben.

3. Jetzt kannst du die Tomaten vierteln und den Mozzarella, falls du ihn verwenden willst, in Scheiben schneiden.

4. Anschließend gibst du die Nudeln in eine Schüssel und beträufelst sie mit etwas Olivenöl. Dann kommen die gewaschenen Rucolablätter und die gesamten vorbereiteten Zutaten dazu und alles wird mit Salz und Pfeffer gewürzt. Zuletzt gibst du noch das Pesto darauf. Und wenn du magst, kannst du deine Bowl zum Schluss mit Basilikum garnieren.

5. Als Dressing empfehle ich dir die Balsamico-Vinaigrette von Seite 48 und etwas Balsamico-Creme.

Griechische

BOWL

1 Portion

Zubereitung: 20 Minuten

Zutaten

100 g Couscous
½ Zwiebel
⅓ Gurke
5–8 Kirschtomaten
1 Handvoll Oliven ohne Stein
80 g veganer Feta

TSATSIKI

½ Gurke
2 Knoblauchzehen oder Schalotten
300 g Skyr Style Soja-Joghurt
1 EL Zitronensaft
1 EL Olivenöl
Salz und Pfeffer

Mich erinnert diese Bowl an Urlaub in Griechenland. Die leichten Zutaten sorgen dafür, dass sie nicht schwer im Magen liegt und superfrisch schmeckt!

Zubereitung

1. Bereite den Couscous nach Packungsangabe zu.

2. In der Zwischenzeit kannst du das Tsatsiki zubereiten, das Rezept findest du auf Seite 102. Es kann im Kühlschrank warten, bis die Bowl fertig zum Anrichten ist.

3. Schäle die Zwiebel und schneide sie in kleine Würfel. Wasche die Gurke und die Tomaten. Schneide dann die Gurke in Würfel und halbiere die Tomaten. Die Oliven kannst du nach Geschmack ganz lassen, halbieren oder in Scheiben schneiden. Zum Schluss würfelst du noch den Feta.

4. Gib nun den Couscous in eine Schüssel und richte die vorbereiten Zutaten darauf an.

5. Jetzt noch das Tsatsiki dazu – schon fertig!

Tipp

Statt Tsatsiki schmeckt auch ein simples Joghurtdressing (Seite 49) gut zu dieser Bowl.

Asiatische
BOWL

1 Portion

Zubereitung: 20 Minuten

Zutaten

1 Tasse Reis oder Reisnudeln
Salz
80 g Erdnusstofu
100 g Kichererbsen aus der Dose
Sojasauce
1 Handvoll Cashewkerne und/oder Erdnüsse
½ Mango
⅓ Gurke
1 Karotte
1 EL Edamame
Limettenscheiben zum Auspressen (optional)

DRESSING:
Erdnussdressing (siehe Seite 49)

Ich nenne sie gerne die „Sommerrollen-Bowl", weil der Inhalt sich nicht viel von einer Sommerrolle unterscheidet. Ich liebe diese Bowl so sehr, ich könnte sie jeden Tag essen. Für die Base kannst du hier zwischen Reis und Reisnudeln wählen.

Zubereitung

1. Als Erstes kochst du den Reis oder die Reisnudeln in leicht gesalzenem Wasser nach Packungsangabe.

2. Schneide den Tofu in Würfel und gib sie in eine Pfanne. Brate sie bei mittlerer Hitze und füge nach etwa 3 Minuten die abgetropften Kichererbsen hinzu. Beträufle sie mit etwas Sojasauce und lass sie noch einige Minuten weiterbraten.

3. Falls du deine Cashewkerne oder Erdnüsse gerne rösten möchtest, gib sie in eine weitere Pfanne und erhitze sie ca. 2–4 Minuten bei mittlerer Temperatur, bis sie angebräunt sind.

4. In der Zwischenzeit schälst du die Mango und schneidest sie in kleine Würfel. Die gewaschene Gurke und die geschälte Karotte kannst du in Scheiben schneiden (ich rasple die Karotte auch gern).

5. Jetzt gibst du den Reis oder die Reisnudeln in eine Schüssel und richtest die übrigen Zutaten darauf an. Wenn du magst, kannst du noch eine Limettenscheibe dazugeben.

6. Als Dressing empfehle ich dir das Erdnussdressing von Seite 49.

Mexikanische

BOWL

1 Portion

Zubereitung: 15 Minuten

Zutaten

Salz
1 Tasse Reis
½ Zwiebel
50 g Kidneybohnen aus der Dose
50 g Maiskörner aus der Dose
2 EL Tomatenmark
½ Paprikaschote
5–8 Kirschtomaten
1 Handvoll Tortillachips
gehackte Petersilie (optional)

GUACAMOLE

⅓ Zwiebel
1 kleine Knoblauchzehe
1 TL Zitronensaft
Salz und Pfeffer
1 Tomate
1 Avocado

Wenn du Wraps gerne magst, dann musst du unbedingt diese Bowl ausprobieren! Ich mache sie supergerne, wenn ich Lust auf einen Wrap habe, aber keine Tortillas im Haus sind. Und sie ist auch perfekt, um Reste zu verwerten.

Zubereitung

1. Zuerst bringst du in einem Topf 2 Tassen leicht gesalzenes Wasser zum Kochen. Wenn das Wasser kocht, gibst du den Reis dazu und garst ihn nach Packungsangabe.

2. In der Zwischenzeit schälst du die Zwiebel und schneidest sie in kleine Würfel. Dann gibst du sie in eine Pfanne und erhitzt sie bei mittlerer Temperatur. Nach 2 Minuten kommen die abgetropften Kidneybohnen und Maiskörner und das Tomatenmark dazu. Das Ganze muss jetzt 3–4 Minuten bei mittlerer Hitze köcheln.

3. Währenddessen wäschst du Paprika und Tomaten und schneidest sie dann in kleine Stücke. Anschließend bereitest du nach dem Rezept auf Seite 25 die Guacamole zu.

4. Zum Schluss füllst du den Reis in eine Schüssel und arrangierst darauf die übrigen Zutaten, die Guacamole und die Tortillachips. Gehackte Petersilie als Topping macht sich gut dazu.
Guten Appetit!

Frühlingsbowl

21. MÄRZ–20. JUNI

Kreiere deine eigene Bowl mit frischen Produkten je nach Jahreszeit. Schau dafür auch im Saisonkalender (siehe Seite 16–17) nach, welches Obst und Gemüse gerade Saison hat. Zur Inspiration findest du hier einige Kombinationen, die ich gerne mache:

1

Joghurt
+ Rhabarber
+Erdbeeren
+ Haferflocken

2

Joghurt
+ Erdbeeren
+ Himbeeren
+ Granola

3

Quinoa
+ Blattspinat
+ Avocado

Gemüse

- Blumenkohl
- Bohne
- Brokkoli
- Erbse
- Gurke
- Radieschen
- Spargel
- Spinat

Obst

- Erdbeere
- Heidelbeere
- Himbeere
- Johannisbeere
- Kirsche
- Rhabarber

Sommerbowl

21. JUNI–20. SEPTEMBER

Kreiere deine eigene Bowl mit frischen Produkten je nach Jahreszeit. Schau dafür auch im Saisonkalender (siehe Seite 16–17) nach, welches Obst und Gemüse gerade Saison hat. Zur Inspiration findest du hier einige Kombinationen, die ich gerne mache:

1
Mais
+ Aubergine
+ Kidneybohnen
+ Tofu
+ Zucchini

2
Joghurt
+ Mais + Karotte
+ Kohlrabi + Radieschen + Tomate
+ Gurke + Bohne

3
Joghurt
+ Brombeere
+ Granola
+ Himbeere/Heidelbeere

4
Kichererbsen
+ Mango
+ Gurke
+ Tofu

Gemüse

- Aubergine
- Brokkoli
- Bohnen
- Gurke
- Karotte
- Kartoffel
- Kohlrabi
- Kürbis
- Mais
- Paprika
- Rote Bete
- Radieschen
- Tomate
- Zucchini
- Zuckerschote

Obst

- Apfel
- Aprikose
- Birne
- Brombeere
- Erdbeere
- Heidelbeere
- Himbeere
- Johannisbeere
- Kirsche
- Mirabelle
- Orange
- Pflaume
- Quitte
- Wassermelone

Herbstbowl

21. SEPTEMBER–20. DEZEMBER

Kreiere deine eigene Bowl mit frischen Produkten je nach Jahreszeit. Schau dafür auch im Saisonkalender (siehe Seite 16–17) nach, welches Obst und Gemüse gerade Saison hat. Zur Inspiration findest du hier einige Kombinationen, die ich gerne mache:

1

Quinoa
+ Kürbispüree oder gekochter Kürbis
+ Rucola

2

Joghurt
+ Birne
+ Kastanie
+ Zimt

Gemüse

- Aubergine
- Brokkoli
- Kartoffel
- Kürbis
- Mais
- Mangold
- Paprika
- Radieschen
- Spinat

Obst

- Apfel
- Birne
- Kastanie
- Quitte
- Zwetschge

Winterbowl

21. DEZEMBER–20. MÄRZ

Kreiere deine eigene Bowl mit frischen Produkten je nach Jahreszeit. Schau dafür auch im Saisonkalender (siehe Seite 16–17) nach, welches Obst und Gemüse gerade Saison hat. Zur Inspiration findest du hier einige Kombinationen, die ich gerne mache:

1

Reis
+ gekochter Kürbis oder Kürbispüree
+ geröstete Pinienkerne
+ süßes Orangendressing (siehe Seite 49)

2

Porridge
+ Zimtäpfel (siehe Seite 23)

Obst und Gemüse saisonal

- Apfel
- Grünkohl
- Karotte
- Kürbis
- Rosenkohl
- Rote Bete

Greens but make it tasty

„Nee, ich mag echt keinen Salat!“ Das war mein Standardsatz, wenn ich früher gefragt wurde, ob ich Salat essen möchte. Aber to be honest: Wenn er richtig zubereitet ist, kann auch ein Salat suuuuperlecker schmecken! Probiere dich durch und experimentiere mit den Zutaten!

Wassermelonen-

FETA-SALAT

2 Portionen

Zubereitung: 10 Minuten

Zutaten

½ Wassermelone

Olivenöl

1 Block veganer Feta (ca. 150–200 g)

Salz und Pfeffer

Basilikumblätter oder Kräuter nach Wahl

Diesen Salat macht meine Mutter im Sommer immer, sodass ich fast sagen würde, ich bin damit aufgewachsen. Und deshalb darf er in meinem Kochbuch nicht fehlen. Er schmeckt schön frisch und geht supereasy!

Zubereitung

1. Schäle die Wassermelone und schneide sie in mundgerechte Stücke. Fülle sie in eine Schüssel und beträufle sie mit etwas Olivenöl. Anschließend schneidest du den Feta in kleine Würfel und gibst sie dazu.

2. Nun kannst du den Salat nach Belieben würzen und mit dem Basilikum toppen.

Tipp

Mir schmeckt der Salat gekühlt am besten! Wenn du es nicht eilig hast, kannst du ihn vor dem Servieren für ca. 20 Minuten in den Kühlschrank stellen.

Wraps

1 Wrap

Zubereitung: 10 Minuten

Zutaten

30 g veganes Hack
⅓ Zwiebel
2 EL Mais aus der Dose
2 EL Kidneybohnen aus der Dose
2 EL Tomatenmark
2 EL Tomatensauce
¼ Gurke
2–3 Kirschtomaten
1 Tortilla
1 EL vegane Crème fraîche oder veganer Frischkäse
Salatblätter nach Wahl
veganer Reibkäse

Wraps mache ich sehr gerne: Sie schmecken nicht nur großartig, sie sind auch extrem schnell fertig und eignen sich perfekt zum Resteverwerten und zum Mitnehmen!

Zubereitung

1. Gib das vegane Hack in eine Pfanne und brate es nach Packungsangabe kurz an. Schneide währenddessen die geschälte Zwiebel in kleine Stücke und gib sie mit dem abgetropften Mais, den Kidneybohnen, dem Tomatenmark und der Tomatensauce in die Pfanne zu dem Hack. Lasse das Ganze 2–3 Minuten auf niedriger Stufe köcheln.

2. Wasche die Gurke und die Tomaten. Schneide die Gurke in Scheiben und halbiere die Tomaten. Sobald die Füllung fertig ist, kannst du deine Tortilla nach Packungsangabe kurz erwärmen.

3. Bestreiche sie dann mit der veganen Crème fraîche oder mit dem Frischkäse. Anschließend kannst du mit dem Belegen anfangen. Ich empfehle dir, als Erstes ein großes Salatblatt als Basis in die Mitte zu legen. Anschließend kannst du darauf Gurke und Tomaten und die Mischung aus Hack, Mais und Kidneybohnen geben. Zuletzt streust du den Reibkäse darauf, sodass er noch etwas schmelzen kann.

4. Nun kannst du den Wrap falten: Schlage zuerst den unteren Teil zur Mitte um und anschließend die Seiten, sodass oben eine Öffnung bleibt.

Tipp

Gib den gefalteten Wrap vorsichtig in eine Pfanne und lasse ihn bei schwacher Hitze ein paar Sekunden von beiden Seiten braun werden.

Reis-
SALAT

2 Portionen

Zubereitung: 30 Minuten

Zutaten

100 g Langkornreis
1 rote Zwiebel
1 rote Paprikaschote
100 g Mais aus der Dose
30 g Erbsen aus der Dose
2 EL Weinessig
1 Prise Salz
1 Prise Pfeffer
Ahornsirup (optional)
3 EL Öl
Minzeblätter

Wenn du einmal zu viel Reis gekocht hast, den du verwerten musst, ist das dein Rezept! Und du kannst mir glauben: Der Reissalat schmeckt richtig lecker, egal ob als Beilage oder als Hauptgericht!

Zubereitung

1. Zuerst kochst du den Reis nach Packungsabgabe. Anschließend muss er gut abkühlen. In der Zwischenzeit kannst du die geschälte Zwiebel in Streifen schneiden und die Paprika waschen und würfeln.

2. Sobald der Reis abgekühlt ist, gibst du ihn in eine Schüssel und vermischst ihn mit den Zwiebelstreifen, den Paprikawürfeln, dem abgetropften Mais und den Erbsen.

3. Für das Dressing verrührst du den Essig mit Salz und Pfeffer und, wenn du magst, etwas Ahornsirup. Dann mischst du das Öl unter. Zuletzt gießt du das Dressing über den Salat, vermengst alles und probierst: Vielleicht musst du mit Salz und Pfeffer nachwürzen. Vor dem Servieren kannst du noch ein paar Minzeblätter dazugeben.

Joghurt-
SALAT

1 Portion

Zubereitung: 7 Minuten

Zutaten

100 g Kichererbsen aus der Dose
2 EL Sojasauce
⅓ Gurke
½ Paprikaschote
1 Handvoll Mais aus der Dose
200 g Skyr Style Soja-Joghurt
1 Prise Salz
1 Prise Pfeffer

Das Rezept ist entstanden, als ich Reste in meinem Kühlschrank aufbrauchen wollte, und seitdem mache ich diesen Salat dauernd! Du kannst ganz nach Bedarf weitere Zutaten hinzufügen. :)

Zubereitung

1. Zuerst gibst du die abgetropften Kichererbsen in eine Pfanne, erhitzt sie auf mittlerer Stufe 1 Minute und gibst anschließend die Sojasauce hinzu. Jetzt noch 2 Minuten weiterbraten, bis die Kichererbsen eine bräunliche Farbe annehmen.

2. Während die Kichererbsen in der Pfanne braten, wäschst du die Gurke und die Paprikaschote und schneidest sie dann in kleine Würfelchen. Die Maiskörner brauchst du nur unter fließendem Wasser abzuspülen.

3. Gib den Joghurt in eine Schüssel und würze ihn mit Salz und Pfeffer. Jetzt noch die übrigen Zutaten untermischen – fertig!

Tipp

Das Rezept eignet sich prima zum Resteverwerten. Egal ob Kidneybohnen, Oliven, Tofu, Kartoffeln oder Karotten: Alles schmeckt gut in der Kombi. Das musst du unbedingt ausprobieren!

Sesam-Soja-
GURKENSALAT

2 Portionen

Zubereitung: 10 Minuten

Zutaten

1 EL Reisessig
1 EL Sesamöl
2 EL Sesam
1½ EL Sojasauce
2 EL Ahornsirup oder Agavendicksaft
1 EL Balsamico-Essig
1 Prise Salz
1 Prise Pfeffer
1 Gurke

Dieser Gurkensalat eignet sich besonders gut, wenn es mal schnell gehen soll und du Lust auf eine Erfrischung hast!

Zubereitung

1. Gib zunächst den Reisessig, das Sesamöl, die Sesamkörner, die Sojasauce, den Ahornsirup und den Balsamico in eine Schüssel und verrühre alles gut. Jetzt das Dressing noch mit Salz und Pfeffer abschmecken.

2. Du brauchst die Gurke nur zu waschen, nicht zu schälen. Du schneidest sie einfach der Länge nach in Viertel und dann in dünne Scheiben. Diese gibst du nun in das Dressing und mischst alles gut durch. Schon fertig!

Mein allerbester

NUDELSALAT

3 Portionen

Zubereitung: 20 Minuten
Wartezeit: 30 Minuten

Zutaten

125 g Hörnchennudeln
Salz
2 vegane Wiener Würstchen
2 mittelgroße Essiggurken
50 g veganer Blockkäse
1 Tomate
1 rote Paprikaschote

DRESSING

75 g Soja-Joghurt
50 g vegane Mayonnaise
2 EL Zitronensaft
3 EL Essiggurkenwasser
1 Prise Cayennepfeffer oder Chilipulver
Salz und Pfeffer

Zubereitung

1. Als Erstes kochst du die Nudeln in leicht gesalzenem Wasser nach Packungsangabe. Danach gießt du sie ab und lässt sie abkühlen (du kannst sie auch kurz in den Kühlschrank stellen).

2. Nun die veganen Würstchen und die Essiggurken in Scheiben und den Käse in Streifen schneiden. Die Tomate und die Paprikaschote waschen, entkernen und würfeln. Alles zusammen mit den Nudeln in eine Schüssel geben.

3. Danach in einer kleinen Schüssel alle Zutaten für das Dressing verrühren und mit Salz und Pfeffer abschmecken. Das Dressing sollte nicht zu dickflüssig sein, falls nötig, kannst du es mit etwas Gurkenwasser verdünnen.

4. Jetzt das Dressing über die anderen Zutaten gießen und alles gut vermischen. Ich stelle den Nudelsalat dann noch für mindestens 30 Minuten in den Kühlschrank, damit er beim Servieren schön kalt ist!

Sommerrollen

1 Portion, 3 Rollen

Zubereitung: 15–30 Minuten

Zutaten

60 g Reisnudeln
Salz
100 g Tofu
½ Paprikaschote
¼ Gurke
1 Karotte
3 Reispapierblätter
einige Salatblätter

ERDNUSSSAUCE

1 EL Erdnussbutter
1 EL Sojasauce
1 EL Reisessig
1 EL Ahornsirup
1 EL Limettensaft
1 EL Sesamöl
1 EL Erdnüsse
1 EL Sesam
etwas Wasser

Sommerrollen habe ich erst Anfang 2022 entdeckt. Jetzt gehören sie zu meinen absoluten Lieblingsgerichten und mussten unbedingt in dieses Kochbuch! Die Zubereitung macht Spaß und geht superschnell. Ich zeige dir hier meine Lieblingskombi, aber wenn sie dir nicht gefällt, kannst du sie nach deinen eigenen Wünschen ändern. Prinzipiell kannst du die Sommerrollen mit allem füllen, was dir schmeckt.

Pro Person brauchst du etwa zwei bis fünf Sommerrollen um satt zu werden, aber die Menge hängt natürlich jeweils vom Inhalt und von deinem Appetit ab.

Zubereitung

1. Als Erstes kochst du die Reisnudeln in leicht gesalzenem Wasser nach Packungsangabe. Dann schneidest du den Tofu in dünne, längliche Scheiben und gibst diese in eine Pfanne zum Anbraten.

2. Währenddessen wäschst du die Paprika und die Gurke und schneidest sie in dünne Streifen. Da anschließend alles eingerollt wird, ist es wichtig, dass die Streifen schön fein und dünn sind. Die Karotte kannst du nach dem Schälen theoretisch auch in Streifen schneiden, ich würde dir aber das Raspeln empfehlen.

3. Sobald die Nudeln und der Tofu fertig sind und du alles geschnitten hast, kannst du mit dem Reispapier weitermachen. Stelle dir dafür eine Schüssel oder einen tiefen Teller mit heißem Wasser bereit. Nun gibst du ein Blatt Reispapier in die Schüssel und lässt es ca. 10–15 Sekunden einweichen. Achte drauf, dass das gesamte Papier von Wasser bedeckt ist. Sobald das Papier etwas klebrig wird, kannst du es vorsichtig herausnehmen und auf ein Schneidebrett legen.

4. Nun kannst du anfangen, das Ganze zu belegen. Ich gebe erst ein Salatblatt in die Mitte. Darauf kommen einige Nudeln, ein Streifen Tofu, Gurke, Paprika und Karottenraspel. Der Rand des Reispapierblatts muss frei bleiben.

5. Jetzt wird das Ganze aufgerollt, und sobald du einmal verstanden hast, wie das geht, ist es supereinfach. Schlage zunächst das obere und das untere Ende zur Mitte um. Anschließend rollst du von rechts nach links auf, bis eine Rolle entsteht (siehe Foto).

6. Jetzt noch ganz schnell die Erdnusssauce von Seite 98 anrühren und die Röllchen mit dem Dip servieren!

Avocado-Mango-

SALAT MIT TOMATEN UND PINIENKERNEN

1 Portion

Zubereitung: 10 Minuten

Zutaten

1 EL Pinienkerne

1 EL Cashewkerne

1 ½ Handvoll Feldsalat oder Rucola

½ Avocado

½ Mango

5 Kirschtomaten

SÜSSES ORANGENDRESSING

1 EL abgeriebene Bio-Orangenschale

3–4 EL Orangensaft

2 EL Ahornsirup oder veganer Honig

2 EL Apfelessig

2 EL Olivenöl

1 Prise Salz

Wasser nach Bedarf

Zubereitung

1. Erhitze eine Pfanne bei mittlerer Temperatur und röste darin die Pinienkerne sowie die Cashewkerne 2–3 Minuten an, bis sie goldbraun sind.

2. Verteile den gewaschenen Feldsalat oder Rucola auf einem Teller. Anschließend entkernst du die Avocado, löst sie aus der Schale und schneidest sie in Scheiben. Die Mango wird ebenfalls geschält und in Scheiben geschnitten, die Tomaten gewaschen und halbiert.

3. Nun gibst du die Avocado, die Mango und die Tomaten auf den Salat und fügst die Nüsse hinzu.

4. Zuletzt verrührst du alle Zutaten für das süße Orangendressing (siehe Seite 49) und beträufelst deinen Salat damit.

Tipp

Mit der anderen Avocadohälfte kannst du dir dazu ein Avocado-brot (siehe Seite 24) machen.

Nudelsalat

MEDITERRAN

2 Portionen

Zubereitung: 20 Minuten

Zutaten

150 g Vollkornnudeln
Salz
½ Zwiebel
1 rote Paprikaschote
7 Kirschtomaten
1 Handvoll Pinienkerne
Öl
50 ml Balsamico-Essig
1 TL Zucker
Pfeffer
1 TL Zucker
60–70 g Rucola
1 Handvoll schwarze Oliven ohne Stein
1 EL veganes Pesto
Basilikumblätter
Balsamico-Creme

Nudelsalat schmeckt nicht nur unfassbar gut und eignet sich super als To-go-Food, sondern ist auch perfekt, falls du bei einem Pastagericht die Menge überschätzt hast und die restlichen Nudeln verwerten möchtest!

Zubereitung

1. Als Erstes kochst du die Nudeln in leicht gesalzenem Wasser nach Packungsangabe. Die fertigen Nudeln abgießen und abkühlen lassen.

2. In der Zwischenzeit kannst du die Zwiebel schälen und würfeln. Die Paprika wird in kleine Stücke geschnitten, die Kirschtomaten kannst du halbieren oder vierteln. Anschließend röstest du die Pinienkerne mit 1 TL Öl in einer Pfanne bei mittlerer Hitze, bis sie leicht gebräunt sind.

3. Für das Dressing verrührst du den Essig mit dem Zucker, 1 Prise Salz, Pfeffer und 1 EL Öl. Anschließend gibst du die Nudeln in eine Schüssel und fügst Zwiebel, Paprika, Tomaten und Pinienkerne hinzu. Dann die gewaschenen Rucolablätter und die Oliven untermischen. Anschließend rührst du noch das Pesto unter. Toppen kannst du den Salat mit Basilikumblättern und etwas Balsamico-Creme.

Pfirsich-Mango-
SALAT MIT TOFU UND GURKE

1 Portion

Zubereitung: 15 Minuten

Zutaten

½ Block Tofu deiner Wahl (ca. 100 g)
Sojasauce (optional)
½ Avocado
½ Mango
½ Pfirsich
⅓ Gurke
1 TL Sesam (optional)

BASIC-DRESSING

½ EL Sojasauce
2 EL Sesamöl
1 EL Himbeeressig (oder anderer Essig)
1 EL Agavendicksaft
1 EL Balsamico-Essig
Wasser nach Bedarf

Ich habe diesen Salat so ähnlich in einem Restaurant gesehen und bin ausgeflippt: Das ist so simpel und schmeckt sooo gut!

Zubereitung

1. Als Erstes gibst du den in Würfel geschnittenen Tofu in eine Pfanne und brätst ihn, bis er die gewünschte Bräune hat. Wenn du magst, kannst du etwas Sojasauce hinzugeben.

2. Nun löst du die Avocado aus der Schale. Dann schälst du die Mango, wäschst den Pfirsich und die Gurke und schneidest alles in kleine Würfel, Scheiben oder Spalten, so wie es dir am liebsten ist. Zum Schluss füllst du das Ganze in eine Schüssel.

3. Jetzt noch die Zutaten für das Basic-Dressing (Seite 101) verrühren und alles vermischen. Fertig ist dein Salat – schnell, farbenfroh und healthy! Wer mag, kann das Ganze noch mit etwas Sesam toppen.

Tipp

Hierfür eignet sich Erdnusstofu perfekt!

Basics & Add-ons

Du suchst noch nach perfekten Saucen oder Dips?
I got you, blättere dich durch meine Basics & Add-ons
und toppe deine Gerichte damit!

Erdnusssauce

1 Portion

Zubereitung: 5 Minuten

Zutaten

1 EL Erdnussbutter
1 EL Sojasauce
1 EL Reisessig
1 EL Ahornsirup
1 EL Limettensaft
1 EL Sesamöl
1 EL Erdnüsse
1 EL Sesam
Wasser nach Bedarf

Tipp

Falls du im Supermarkt keinen Reisessig findest, lohnt es sich, einen Asialaden in deiner Nähe zu besuchen.

Falls du mich auf Instagram verfolgst, dann weißt du, wie verrückt ich nach dieser Erdnusssauce bin. Ich habe immer wieder verschiedene Rezepte ausprobiert und schlussendlich eine für mich perfekte Kombination gefunden ... Diese Sauce ist ideal für Sommerrollen, Reisgerichte, Satéspieße und Bowls!

Zubereitung

1. Gib zunächst die Erdnussbutter mit der Sojasauce und dem Reisessig in eine Schüssel (oder in den Mixer) und vermische alles gut. Füge anschließend den Ahornsirup, den Limettensaft und das Sesamöl hinzu und vermenge auch dies. Schmecke die Sauce ab und verfeinere sie nach deinem Geschmack.

2. Hacke nun die Erdnüsse und gib sie zusammen mit den Sesamkörnern hinzu. Noch einmal gut durchrühren und die Sauce mit etwas Wasser verdünnen, falls sie dir zu dickflüssig ist.

Salatdressing

JOGHURT

2 Portionen

Zubereitung: 5 Minuten

Zutaten

½ Knoblauchzehe oder etwas Knoblauchpulver
100 g Soja-Joghurt
1 EL Zitronensaft
1 EL Sesamöl
1 TL gehackter Dill
1 TL gehackte Petersilie
1 TL gehackter Schnittlauch
Salz und Pfeffer

Zubereitung

1. Schäle den Knoblauch, hacke ihn klein und vermenge ihn mit den übrigen Zutaten. Schmecke das Dressing mit Salz und Pfeffer ab.

Salatdressing

ASIA STYLE

1 Portion

Zubereitung: 10 Minuten

Zutaten

1 EL Sojasauce
1 EL Reisessig
1½ EL Sesamöl
½ EL Ahornsirup oder Agavendicksaft
1 EL Sesam

Ich lebe für dieses Salatdressing – vor allem im Gurkensalat, aber auch für andere Salate. Heaven Guys, ich sag's euch!

Zubereitung

1. Verrühre alle flüssigen Zutaten in einer Schüssel und probiere das Dressing – du kannst es nach deinen Wünschen abschmecken. Zuletzt gibst du die Sesamkörner hinzu, vermengst das Ganze nochmal und fertig ist die Salatsauce!

Salatdressings

ZUCKER-SENF & BASIC

je 2 Portionen

Zubereitung: je 5 Minuten

Zutaten

4 EL Sonnenblumenöl
2 EL Weißweinessig
1 EL Balsamico-Essig
1 TL Zitronensaft
1 TL mittelscharfer Senf
etwas Zucker
Salz und Pfeffer

Zubereitung Zucker-Senf-Dressing

1. Vermenge alle Zutaten und schmecke die Sauce ab. Du kannst sie nach deinen Wünschen verfeinern und würzen.

Zutaten

½ EL Sojasauce
2 EL Sesamöl
1 EL Himbeeressig (oder anderer Essig)
1 EL Agavendicksaft
1 EL Balsamico-Essig
Wasser nach Bedarf

Zubereitung Basic-Dressing

1. Vermenge alle Zutaten und schmecke die Sauce ab. Du kannst sie nach deinen eigenen Wünschen verfeinern und würzen.

Tsatsiki

2 Portionen

Zubereitung: 10 Minuten

Zutaten

½ Gurke

1 Knoblauchzehe oder etwas Knoblauchpulver

300 g Skyr Style Soja-Joghurt

1 Schuss Zitronensaft

1 EL Olivenöl

Salz und Pfeffer

Tipp

Gekühlt schmeckt das Tsatsiki am besten!

Tsatsiki darf bei einem Brunch oder einem Picknick auf keinen Fall fehlen! Es ist ganz schnell gemacht, schmeckt extrem gut und ist für jeden Anlass perfekt! Auch zum Mitnehmen eignet es sich super.

Zubereitung

1. Wasche die Gurke und halbiere sie der Länge nach. Die eine Hälfte halbierst du noch mal, entfernst die Kerne und raspelst die Gurke dann auf der groben Seite einer Reibe in eine Schüssel (oder du zerkleinerst sie im Mixer). Die andere Hälfte schneidest du in kleine Würfel. Jetzt schälst du die Knoblauchzehe und hackst sie fein.

2. Gib den Joghurt in eine Schüssel und füge den Zitronensaft, das Olivenöl sowie etwas Salz und Pfeffer hinzu. Anschließend gibst du die Gurke und den Knoblauch dazu. Dann das Tsatsiki probieren und abschmecken.

Obazda

2–4 Portionen

Zubereitung: 30 Minuten

Zutaten

200 g veganer Camembert

100 g veganer Frischkäse (oder 50 g veganer Frischkäse und 50 g veganer Quark)

50–75 g vegane Butter (nach Geschmack)

1 TL Paprikapulver edelsüß

1 Prise Salz

1 mittelgroße rote Zwiebel

Tipp

Dazu isst man am besten eine schön frische Breze.

Da mein Vater ein echter Bayer ist, dachte ich mir, dass es mega wäre, meine Wurzeln in das Kochbuch einzubringen. Er hat mir das Rezept für den klassischen Obazd'n veganisiert, worüber ich superhappy bin!

Zubereitung

1. Als Erstes schneidest du den Camembert in kleine Würfel und gibst ihn in eine Schüssel, dann fügst du den veganen Frischkäse und die vegane Butter hinzu. Das Ganze bestreust du mit Paprikapulver – dabei ist wichtig, dass du zunächst nicht zu viel davon nimmst.

2. Dann wird alles vermischt und zerdrückt, sodass eine cremige Masse entsteht. Die Farbe sollte leicht orange sein. Falls das bei dir nicht so ist, kannst du noch ein bisschen Paprikapulver zugeben.

3. Mit 1 Prise Salz abschmecken und für mindestens 20 Minuten in den Kühlschrank stellen.

4. Nun die Zwiebel schälen und in dünne Scheiben schneiden.

5. Den Obazd'n aus dem Kühlschrank nehmen, ganz leicht mit Paprikapulver bestreuen und mit den Zwiebelringen dekorieren.

Hauptgerichte

Egal ob Nudeln, Tofu, Gemüse oder Kartoffeln – hier findest du alles rund um das Thema Hauptmahlzeiten! Mir war es wichtig, auch ein paar veganisierte Klassiker zu integrieren. Ich bin gespannt, ob du geschmacklich einen großen Unterschied bemerkst!

Bolognese

VEGAN

2 Portionen

Zubereitung: 20 Minuten

Zutaten

200 g Nudeln
Salz

BOLOGNESE-SAUCE

1 Zwiebel
1 EL Öl
50 g Sellerie
1 Karotte
250 g Soja-Hack deiner Wahl
1 Dose passierte Tomaten (ca. 400 g)
2 TL Paprikapulver
1 TL Oregano
Pfeffer

Zubereitung

1. Als Erstes kochst du die Nudeln in leicht gesalzenem Wasser nach Packungsangabe.

2. In der Zwischenzeit kannst du die Zwiebel schälen, hacken und dann mit dem Öl in eine Pfanne geben. Nun schälst du den Sellerie und die Karotte und schneidest beides in sehr kleine Würfel, die du zu der Zwiebel in die Pfanne gibst. Das muss jetzt bei mittlerer Hitze mit geschlossenem Deckel ca. 5 Minuten dünsten.

3. Anschließend gibst du das Soja-Hack dazu und brätst es leicht an. Dann noch die Tomatensauce dazugeben und das Ganze etwa 3 Minuten köcheln lassen. Zum Schluss kannst du deine Bolognese mit Paprikapulver, Oregano, Salz und Pfeffer abschmecken.

4. Die Pasta abgießen und mit der Sauce auf Teller verteilen.

Tipp

Gib etwas veganen Parmesan darüber und verziere das Ganze mit einem Basilikumblatt.

Carbonara

VEGAN

2 Portionen

Zubereitung: 20 Minuten

Zutaten

200 g Nudeln
Salz
½ Zwiebel
1 Knoblauchzehe oder 1 TL Knoblauchpulver
1 EL Olivenöl
1 Block Räuchertofu (ca. 200 g)
250 ml Soja-Kochsahne
2 TL Speisestärke
Pfeffer
veganer Parmesan zum Bestreuen

Tipp

Feldsalat mit Basic-Dressing (Seite 101) passt super dazu.

Zubereitung

1. Als Erstes kochst du die Nudeln in leicht gesalzenem Wasser nach Packungsangabe. Am besten eignen sich hier Spagetti, welche Nudeln du nimmst, ist dir aber selbst überlassen.

2. In der Zwischenzeit kannst du die Zwiebel und den Knoblauch schälen und klein schneiden. Dann brätst du sie mit dem Öl in einer Pfanne bei mittlerer Hitze etwa 2 Minuten an. Falls du Knoblauchpulver verwendest, brate hier zunächst nur die Zwiebel an und gib das Pulver zum Schluss dazu.

3. Schneide den Tofu in sehr kleine Würfel und gib sie in die Pfanne. Sobald der Tofu auf jeder Seite eine leicht hellbraune Farbe hat, mischst du die Soja-Kochsahne und die Speisestärke unter. Falls die Konsistenz zu dickflüssig ist, kannst du die Sauce mit etwas Nudelwasser auflockern. Schmecke die Sauce ab.

4. Gib nun die fertigen Nudeln in die Sauce und lasse sie bei niedriger Hitze noch kurz köcheln.

5. Zuletzt verteilst du die Nudeln auf Teller und toppst das Ganze mit dem veganen Parmesan.

Lasagne

VEGAN

3–4 Portionen

Zubereitung: 50 Minuten

Zutaten

8 Lasagneplatten
Salz
Öl für die Form
50 g veganer Parmesan
50 g veganer Käse

BOLOGNESE-SAUCE

1 Zwiebel
1 EL Öl
50 g Sellerie
1 Karotte
250 g Soja-Hack deiner Wahl
1 Dose passierte Tomaten (ca. 400 g)
2 TL Paprikapulver
1 TL Oregano
Salz und Pfeffer

Ich habe so lange nach einem perfekten Lasagne-Rezept gesucht, das nicht nur gut schmeckt, sondern auch noch einfach zuzubereiten ist ... now let me tell you: I found it!

Zubereitung

1. Als Erstes kochst du die Nudeln in leicht gesalzenem Wasser nach Packungsangabe. In der Zwischenzeit kannst du nach dem Rezept auf Seite 106 die Bolognese-Sauce zubereiten.

2. Heize den Backofen auf 180 °C Umluft vor.

3. Jetzt machen wir die Béchamelsauce. Dafür gibst du die vegane Butter in einen Topf und lässt sie bei mittlerer Hitze schmelzen. Gib nun das Mehl hinzu und verrühre alles so lange, bis keine Klümpchen mehr zu sehen sind. Dafür eignet sich ein Schneebesen gut. Zuletzt gießt du den Sojadrink dazu, vermengst das Ganze und würzt nach Belieben mit Zitronensaft, Muskatnuss, Salz und Pfeffer.

BÉCHAMELSAUCE

2 EL vegane Butter
1 EL Mehl
400 ml Sojadrink
1 TL Zitronensaft
geriebene Muskatnuss
Salz und Pfeffer

4. Streiche eine ofenfeste Form mit Öl aus und gib als Grundlage eine Schicht Bolognese-Sauce in die Form. Bedecke sie mit einer Schicht Nudelplatten. Anschließend gibst du wieder eine Schicht der Bolognese-Sauce darauf, darauf kommt eine Schicht Béchamelsauce und anschließend wieder Nudelplatten. Das Ganze wiederholst du, bis dir die Zutaten ausgehen. Die letzte Schicht muss Béchamelsauce sein.

5. Bestreue die letzte Schicht mit Parmesan und Käse und backe die Lasagne ca. 35 Minuten im vorgeheizten Ofen, bis sich eine goldbraune Kruste bildet.

Pasta

MIT AVOCADOPESTO UND PINIENKERNEN

2 Portionen

Zubereitung: 15 Minuten

Zutaten

200 g Nudeln
Salz
1 Avocado
1 Stängel Basilikum
20 g veganer Parmesan
1 Knoblauchzehe
Saft von ½ Zitrone
1 EL Olivenöl
2 EL Hefeflocken
Pfeffer
30 g Pinienkerne

Tipp

Hefeflocken findest du z. B. in Drogerien oder im Bio-Supermarkt.

Zubereitung

1. Als Erstes kochst du die Nudeln in leicht gesalzenem Wasser nach Packungsangabe.

2. Für das Pesto gibst du die ausgelöste Avocado zusammen mit dem größten Teil der Basilikumblätter und des Parmesans, dem geschälten Knoblauch, dem Zitronensaft, dem Olivenöl und den Hefeflocken in einen Mixer und pürierst alles auf mittlerer Stufe, bis eine Creme entsteht. Schmecke das Pesto mit Salz und Pfeffer ab.

3. Röste in einer Pfanne die Pinienkerne bei mittlerer Hitze ca. 2 Minuten an, bis sie leicht goldbraun werden. Nimm die Pinienkerne heraus und gib nun die Avocadocreme zusammen mit 2–3 EL Pastawasser in die Pfanne. Sobald das Pesto warm ist, kannst du die Nudeln hinzugeben.

4. Verteile die Nudeln mit der Sauce auf Teller und toppe das Ganze mit den Pinienkernen, dem restlichen Parmesan und Basilikumblättern.

Pasta

MIT GERÖSTETER PAPRIKA

2 Portionen

Zubereitung: 35 Minuten

Zutaten

2 rote Paprikaschoten
1 ½ rote Zwiebeln
1 Knoblauchzehe
30 ml Oliven- oder Sesamöl
150 g Rigatoni
Salz
2 EL Tomatenmark
70 ml Gemüsebrühe
70 ml Soja-Sahne
1 TL Paprikapulver edelsüß
Pfeffer

Tipp

Füge als Topping veganen Parmesan und etwas Basilikum hinzu.

Zubereitung

1. Heize den Backofen auf 180 °C Umluft vor und lege ein Backblech mit Backpapier aus.

2. Schneide die gewaschenen Paprikaschoten in Streifen. Schäle und zerkleinere die Zwiebeln und den Knoblauch. Gib das alles mit etwas Oliven- oder Sesamöl auf das Backblech und röste es im Ofen 20–25 Minuten. Behalte das Blech im Blick und achte darauf, dass nichts schwarz wird.

3. In der Zwischenzeit kochst du die Nudeln in leicht gesalzenem Wasser nach Packungsangabe.

4. Nimm nach der angegebenen Zeit das Backblech aus dem Ofen. Stelle ein paar Paprikastreifen zum Garnieren beiseite. Gib das übrige Gemüse in einen Mixer und zerkleinere es auf mittlerer Stufe, bis eine leichte Creme entsteht.

5. Stelle eine Pfanne bei mittlerer Hitze auf den Herd und gib das Tomatenmark, die Gemüsebrühe, die Soja-Sahne und die Paprikacreme hinein. Würze das Ganze mit Paprikapulver, Salz und Pfeffer.

6. Zuletzt kannst du die Nudeln in die Sauce geben und das Ganze noch kurz zusammen aufkochen. Jetzt nur noch auf Teller verteilen und die Paprikastreifen dazugeben – fertig!

Feta-Zucchini-

PASTA

2 Portionen

Zubereitung: 20 Minuten

Zutaten

200 g Nudeln
Salz
½ Zwiebel
1 EL Öl
½ Zucchini
1 Paprikaschote
2 EL Tomatenmark
50 ml Soja-Sahne
50 g veganer Feta
2 EL Pinienkerne
Pfeffer
Basilikumblätter
veganer Parmesan

Für mich sind die veganen Feta-Zucchini-Nudeln ein optimales Rezept, wenn ich nicht lange und mit wenig Aufwand in der Küche stehen möchte.

Zubereitung

1. Als Erstes kochst du die Nudeln in leicht gesalzenem Wasser nach Packungsanweisung.

2. In der Zwischenzeit schälst du die Zwiebel, schneidest sie in kleine Stücke und brätst sie dann in einer Pfanne in dem Öl bei mittlerer Hitze etwa 2 Minuten. Jetzt kannst du die Zucchini und die Paprika waschen und in kleine Stückchen schneiden, dann zu der Zwiebel geben und etwa 4 Minuten mitbraten. Sobald die Zucchini von allen Seiten leicht gebräunt ist, gibst du das Tomatenmark und die Soja-Sahne hinzu.

3. Schneide nun den Feta in kleine Stücke und gib ihn in die Sauce. Sobald er geschmolzen ist, kannst du die Nudeln in die Sauce geben und das Ganze vermischen.

4. Wenn du magst, kannst du in einer weiteren Pfanne die Pinienkerne 2 Minuten bei mittlerer Hitze rösten, sodass sie eine goldbraune Farbe annehmen.

5. Schmecke die Nudeln mit Salz und Pfeffer ab, verteile sie auf Teller und toppe sie mit den Pinienkernen, dem Basilikum und veganem Parmesan.

Mie-Nudeln

MIT TOFU UND GEMÜSE

2 Portionen

Zubereitung: 20 Minuten

Zutaten

150 g vegane Mie-Nudeln
Salz
Sesamöl
1 Block Tofu (ca. 200 g; ich nehme gern Erdnusstofu)
1 Dose Kichererbsen (ca. 400 g)
2 EL Sojasauce
2 Karotten
1 EL Edamame
Sesam

ERDNUSSSAUCE

1 EL Erdnussbutter
1 EL Sojasauce
1 EL Reisessig
1 EL Ahornsirup
1 EL Limettensaft
1 EL Sesamöl
1 EL Erdnüsse
1 EL Sesam
Wasser nach Bedarf

Zubereitung

1. Als Erstes kochst du die Nudeln in leicht gesalzenem Wasser nach Packungsangabe.

2. Gib etwas Sesamöl in eine Pfanne und erhitze sie auf mittlerer Stufe. Schneide den Tofu in kleine Würfel und gib ihn in die Pfanne. Wende den Tofu regelmäßig und gib nach etwa 2 Minuten die abgetropften Kichererbsen hinzu. Lasse beides noch 2 Minuten braten und gib anschließend die Sojasauce hinzu.

3. In der Zwischenzeit schälst du die Karotten und schneidest sie in dünne Streifen. Gib sie dann in die Pfanne und brate sie kurz mit.

4. Bereite nun nach dem Rezept auf Seite 98 die Erdnusssauce zu.

5. Zum Schluss gibst du die Sauce und die Nudeln in die Pfanne und schaltest auf niedrige Hitze. Alles noch einmal vermengen und dann auf Teller verteilen. Als Topping nehme ich Edamame und Sesamkörner.

Pasta

MIT PESTO, PINIENKERNEN UND TOMATEN

2 Portionen

Zubereitung: 20 Minuten

Zutaten

200 g Nudeln
Salz
2 EL Pinienkerne
Soja-Sahne (optional)
1 Handvoll Kirschtomaten
Basilikum
veganer Parmesan zum Bestreuen (optional)

PESTO

20 g Pinienkerne
1½ Knoblauchzehen
30 g Basilikum
60 ml Olivenöl
40 g Cashewkerne oder Sesam
1 EL Zitronensaft

Zubereitung

1. Als Erstes kochst du die Nudeln in leicht gesalzenem Wasser nach Packungsangabe.

2. In der Zwischenzeit machst du das Pesto. Dafür gibst du die Pinienkerne, den geschälten Knoblauch, das Basilikum, das Olivenöl, die Cashewkerne und den Zitronensaft in einen Mixer und zerkleinerst das Ganze.

3. Röste die Pinienkerne in einer Pfanne etwa 1 Minute bei mittlerer Hitze. Sobald sie eine leicht goldbraune Farbe annehmen, gibst du das Pesto hinzu. Wenn du das Pesto etwas cremiger haben willst, kannst du etwas Soja-Sahne hinzugeben. Die Tomaten waschen und halbieren.

4. Anschließend kannst du die gegarten Nudeln zum Pesto geben und das Ganze gut vermengen.

5. Gib die Nudeln mit dem Pesto auf Teller und füge die Kirschtomaten und ein paar Basilikumblätter hinzu. Wenn du magst, kannst du die Pasta mit veganem Parmesan bestreuen.

Ofenkartoffeln

MIT SOUR CREAM

1 Portion

Zubereitung: 60 Minuten

Zutaten

1–2 Kartoffeln pro Person

Olivenöl zum Bestreichen

SOUR CREAM

100 g veganer Quark oder Skyr Style Soja-Joghurt

½ Knoblauchzehe

1 EL gehackter Schnittlauch

Zitronensaft

Salz und Pfeffer

FÜLLUNG (OPTIONAL)

Paprika

Karotte

Zucchini

veganer Käse

Zubereitung

1. Heize den Backofen auf 200 °C Umluft vor. Bestreiche die Kartoffeln mit Olivenöl und wickle sie dann in Alufolie ein. Lege die Kartoffeln nun in den Ofen backe sie etwa 50 Minuten.

2. In der Zwischenzeit bereitest du die Sour Cream vor. Dafür vermengst du den veganen Quark oder Joghurt mit der gehackten Knoblauchzehe und dem gehackten Schnittlauch. Schmecke die Creme mit Zitronensaft, Salz und Pfeffer ab und stelle sie anschließend in den Kühlschrank.

3. Du kannst die Kartoffeln einfach mit der Sour Cream genießen oder du machst noch eine Füllung dazu: Dafür schneidest du das gewaschene und geschälte Gemüse deiner Wahl klein und gibst es mit etwas veganem Streukäse in eine Pfanne. Auf niedriger bis mittlerer Stufe garen, bis der Käse schmilzt und sich mit dem Gemüse vermischt.

4. Nach Ende der Backzeit nimmst du die Kartoffeln aus dem Ofen, schneidest sie zur Hälfte durch und gibst die Sour Cream und eventuell auch die Gemüsefüllung hinzu. Als Topping machen sich ein paar Schnittlauchhalme gut.

Bratkartoffel-
PFANNE

2 Portionen

Zubereitung: 30 Minuten

Zutaten

3 Kartoffeln
1 EL Öl
2 Karotten
2 vegane Wiener Würstchen
Salz und Pfeffer
Paprikapulver

Tipp

Serviere die Kartoffelpfanne am besten mit einem Salat und mit einem Dip. Hier kann ich dir die Sour Cream auf Seite 122 empfehlen oder einfach veganen Frischkäse.

Zubereitung

1. Schäle die Kartoffeln, schneide sie in kleine Würfel und gib diese mit etwas Öl in eine Pfanne. Brate sie 25 Minuten bei mittlerer Hitze, sodass sie auf jeder Seite goldbraun werden. Daran denken, die Würfel regelmäßig umzudrehen, damit sie nicht anbrennen.

2. Schäle in der Zwischenzeit die Karotten und schneide sie in dünne Scheiben. In einer separaten Pfanne brätst du sie in etwas Öl ca. 10–15 Minuten bei mittlerer Hitze, sodass sie ebenfalls ein bisschen Farbe bekommen. Hier bitte auch aufpassen, dass nichts anbrennt!

3. Schneide die veganen Wiener Würstchen in dünne Scheiben und gib sie für 5 Minuten in die Pfanne zu den Karotten.

4. Zuletzt gibst du die Karotten und die Wiener zu den Kartoffeln und würzt das Ganze mit Salz, Pfeffer und Paprikapulver.

Kartoffelspiralen

1 Portion

Zubereitung: 50 Minuten

Zutaten

1–2 große Kartoffeln pro Person

pro Kartoffel 1 langer Holzspieß

MARINADE (FÜR 1–2 KARTOFFELN)

1 Knoblauchzehe, gehackt

1 TL Tomatenmark

1 TL Paprikapulver edelsüß

3 TL Olivenöl

Salz und Pfeffer

SOUR CREAM

100 g veganer Quark oder Skyr Style Soja-Joghurt

½ Knoblauchzehe

1 EL gehackter Schnittlauch

Zitronensaft

Salz und Pfeffer

Kartoffelspiralen eignen sich perfekt, wenn du mit Freunden Zeit in der Küche verbringen und etwas Neues ausprobieren möchtest.

Zubereitung

1. Heize den Backofen auf 200 °C Umluft vor und lege ein Backblech mit Backpapier aus. Bürste die Kartoffeln gründlich ab.

2. Um die Kartoffeln spiralförmig zu bekommen, steckst du zunächst einen langen Holzspieß durch die Mitte. Anschließend schneidest du mit einem scharfen Messer eine Spirale ein. Achte darauf, dass du jedes Mal nur bis zu dem Spieß schneidest und dass die Spiralenstücke recht dünn sind. Ziehe die Spirale anschließend vorsichtig etwas auseinander.

3. Für die Marinade verrührst du alle Zutaten in einer kleinen Schüssel. Jetzt bestreichst du die Kartoffeln mit etwa der Hälfte Marinade. Die restliche Marinade wird später noch gebraucht.

4. Verteile die Spiralen auf dem Backblech und backe sie 20 Minuten im vorgeheizten Ofen.

5. In der Zwischenzeit bereitest du nach dem Rezept auf Seite 122 die Sour Cream zu.

6. Nach 20 Minuten bestreichst du die Kartoffeln mit der restlichen Marinade und gibst sie für weitere 10–20 Minuten in den Ofen. Sobald die Kartoffeln schön gebräunt und knusprig sind, kannst du sie herausnehmen.

Tipp

Als Dip kannst du zusätzlich zur Sour Cream oder auch stattdessen Ketchup und vegane Mayonnaise verrühren. Das Verhältnis ist ungefähr 2 Teile Ketchup und 1 Teil Mayonnaise. Dazu esse ich gern Gurkensalat, siehe Seite 84.

GEFÜLLTE

Paprikaschoten

2–4 Portionen

Zubereitung: 20 Minuten
Kochzeit: ca. 30 Minuten

Zutaten

1 kleine Zwiebel
1 kleine Knoblauchzehe
250 g veganes Hack
50 g gekochter Reis
Salz und Pfeffer
Paprikapulver edelsüß
4 rote Paprikaschoten
1 EL vegane Butter
1 EL Mehl
250 ml Gemüsebrühe
40 g Tomatenmark
Zucker

Meine Oma hat früher immer gefüllte Paprikaschoten für mich gemacht, wenn ich zu Besuch kam, und das war jedes Mal ein absolutes Highlight. Als ich zur Vegetarierin und schlussendlich Veganerin wurde, hat mein Vater das Rezept seiner Mutter veganisiert. Und so kann ich dir hier voller Stolz die gefüllten Paprikaschoten meiner Oma und meines Vaters präsentieren!

Zubereitung

1. Zwiebel und Knoblauch schälen und fein hacken, dann mit dem veganen Hack und dem gekochten Reis in eine Schüssel geben und vermengen. Mit Salz, Pfeffer und Paprikapulver würzen.

2. Die Paprika waschen, dann oben aufschneiden und die Kerne entfernen. Dann die Hackfleischmasse in die Schoten füllen und den abgeschnittenen Deckel wieder aufsetzen.

3. In einem passenden Topf zuerst die Butter schmelzen lassen, dann das Mehl unterrühren. Danach mit der Gemüsebrühe ablöschen und das Tomatenmark dazugeben. Kurz aufkochen lassen und dann mit Zucker, Paprikapulver, Salz und Pfeffer abschmecken.

4. Nun die gefüllten Paprikaschoten in den Topf mit der Sauce geben und bei mittlerer Hitze gut 30 Minuten mit geschlossenem Deckel schmoren.

5. Dazu Reis oder veganes Kartoffelpüree servieren. Guten Appetit!

SMASHED BAKED

Potatoes

2 Portionen

Zubereitung: 1½ Stunden mit Garzeit

Zutaten

4 Kartoffeln

MARINADE

3 EL Olivenöl

½ TL Zitronensaft

1 TL Tomatenmark

1 TL Knoblauchpulver

1 TL Chilipulver

1 TL Zwiebelpulver

1 TL Paprikapulver

getrocknete Petersilie

Salz und Pfeffer

SOUR CREAM

100 g veganer Quark oder Skyr Style Soja-Joghurt

½ Knoblauchzehe

1 EL gehackter Schnittlauch

Zitronensaft

Salz und Pfeffer

Falls du etwas Neues mit Kartoffeln ausprobieren möchtest, dann empfehle ich dir Smashed baked Potatoes! Sie eignen sich gut als Beilage oder als Snack.

Zubereitung

1. Heize den Backofen auf 200 °C Umluft vor und lege ein Backblech mit Backpapier aus. Bürste die Kartoffeln gründlich ab und gare sie 25 Minuten in einem Topf mit kochendem Wasser. Halbiere die Kartoffeln anschließend, gib sie auf das vorbereitete Blech und drücke sie mit einer Gabel oder einem Kartoffelstampfer flach.

2. Für die Marinade verrührst du das Olivenöl, den Zitronensaft und das Tomatenmark mit den Gewürzen. Dann schmeckst du alles mit getrockneter Petersilie, Salz und Pfeffer ab.

3. Bestreiche die zerdrückten Kartoffeln mit der Hälfte der Marinade und schiebe das Backblech für 20 Minuten in den Ofen.

4. In der Zwischenzeit bereitest du nach dem Rezept auf Seite 122 die Sour Cream zu und stellst sie dann in den Kühlschrank. Falls du einen weiteren Dip haben möchtest, kannst du Ketchup und vegane Mayonnaise im Verhältnis 2 : 1 mischen.

5. Nach 20 Minuten bestreichst du die Kartoffeln mit der restlichen Marinade und gibst sie für weitere 10 Minuten in den Ofen.

6. Die Kartoffeln mit dem Dip (oder den Dips) servieren.

Zitronen-

PASTA

2 Portionen

Zubereitung: 25 Minuten

Zutaten

200 g Nudeln
Salz
2 EL Pinienkerne
1 EL Olivenöl
2 Knoblauchzehen
⅔ Becher vegane Crème fraîche
1 EL Margarine oder vegane Butter
2 EL veganer Parmesan plus mehr zum Bestreuen
Saft von ½–⅓ Zitrone
1 EL gehackte Petersilie
Pfeffer
6 Kirschtomaten

Tipp

Wenn du eine Bio-Zitrone verwendet hast, kannst du die Zitronenschale abreiben und als Topping obendrauf geben!

Zitronenpasta ist ein riesiger Trend! Auch wenn sich das Ganze zunächst etwas trocken anhört: Sie schmeckt unfassbar gut und rechtfertig den Hype auf jeden Fall.

Zubereitung

1. Zuerst kochst du die Nudeln in leicht gesalzenem Wasser nach Packungsangabe.

2. Inzwischen erhitzt du eine große Pfanne. Gib die Pinienkerne hinein und röste sie auf mittlerer Stufe, bis sie eine leicht hellbraune Farbe annehmen. Jetzt kannst du sie auf einem Teller zur Seite stellen.

3. Nun gibst du das Olivenöl und die geschälten und gehackten Knoblauchzehen in die Pfanne. Wenn du sie auf niedriger Hitze ca. 2 Minuten angebraten hast, kommen die vegane Crème fraîche und die Margarine oder vegane Butter hinzu. Nur kurz erhitzen und dann den veganen Parmesan und nach und nach den Zitronensaft hinzugeben. Probiere beim Zugeben des Zitronensaftes immer wieder, bis du die für dich perfekte Menge gefunden hast. Füge anschließend noch ca. 1 Kelle Nudelwasser hinzu und lasse die Sauce noch 2 Minuten köcheln.

4. Zuletzt gibst du die Nudeln in die Sauce, rührst die Petersilie unter und schmeckst die Pasta mit Salz und Pfeffer ab. Jetzt noch die Kirschtomaten halbieren und zusammen mit den Pinienkernen dazugeben. Alles auf Teller verteilen und mit etwas veganem Parmesan bestreuen, wenn du magst.

Tarte

AUX TOMATES

4 Portionen

Zubereitung: 10 Minuten
Backzeit: ca. 40 Minuten

Zutaten

2–3 EL mittelscharfer Senf

2–3 mittelgroße Tomaten

Salz und Pfeffer

150 g veganer Streukäse (ich nehme gern Mozzarella-Geschmack)

Kräuter der Provence

TEIG

200 g Mehl

100 g Margarine

75 ml Wasser

½ TL Salz

Tipp

Du kannst auch fertigen veganen Mürbeteig aus dem Kühlregal nehmen, dann geht es schneller. Die Tarte schmeckt am besten zusammen mit einem grünen Salat. Bon Appétit!

In Frankreich ist das ein gängiges Rezept, welches zu jedem Anlass passt: Die Tarte ist nicht zu mächtig, super lecker und ganz einfach. Ich bin superhappy, dass meine Mutter eine vegane Version daraus gemacht hat. Merci!

Zubereitung

1. Für den Teig gibst du das Mehl in eine Schlüssel oder in den Mixer. Füge die Margarine in kleinen Stücken hinzu und vermische das Ganze, bis feine Krümel entstanden sind. Anschließend gibst du das Wasser mit dem Salz nach und nach hinzu. Vermische alles und forme aus dem Teig eine Kugel. Den Teig solltest du mindestens 30 Minuten ruhen lassen, damit er nicht beim Backen schrumpft.

2. Heize den Backofen auf 175 °C Umluft vor.

3. Bestäube eine Backform (Durchmesser 28 cm) mit Mehl. Rolle den Teig dünn aus und lege die Backform damit aus.

4. Bestreiche den Teig mit dem Senf. Schneide die gewaschenen Tomaten in dünne Scheiben und verteile die Hälfte auf dem Senf. Würze sie nun mit Salz und Pfeffer nach Geschmack und bestreue sie mit dem veganen Käse. Dann gibst du eine weitere Schicht Tomatenscheiben obendrauf. Das Ganze kannst du jetzt mit Kräutern der Provence bestreuen.

5. Die Tarte schiebst du für ca. 40 Minuten in den vorgeheizten Ofen. Aus dem Ofen holen, ein paar Minuten abkühlen lassen und dann servieren.

Zucchiniboote

1 Portion

Zubereitung: 40 Minuten

Zutaten

2 TL Sesam- oder Olivenöl
1 Zucchini
½ Zwiebel
100 g veganes Hack
1 EL Tomatenmark
⅓ Dose passierte Tomaten (also ca. 150 g)
Salz und Pfeffer
2 EL vegane Crème fraîche
35 g veganer Streukäse

Tipp

Als Beilage eignet sich ein frischer Salat wie der Gurkensalat von Seite 84!

Zubereitung

1. Heize den Backofen auf 180 °C Umluft vor und streiche eine Auflaufform mit der Hälfte des Öls aus.

2. Wasche die Zucchini und schneide sie dann genau in der Hälfte der Länge nach durch. Kratze das Fruchtfleisch mit einem Löffel heraus und gib es in eine Schüssel.

3. Schäle und hacke die Zwiebel und brate sie zusammen mit dem veganen Hack in dem restlichen Öl bei mittlerer Hitze in einer Pfanne kurz an. Nach etwa 2 Minuten gibst du das Zucchinifleisch dazu und brätst es 4 Minuten mit. Anschließend rührst du das Tomatenmark und die passierten Tomaten unter und lässt alles noch kurze Zeit köcheln. Zum Schluss schmeckst du mit Salz und Pfeffer ab.

4. Lege die Zucchinihälften in die eingeölte Auflaufform und verteile den Inhalt der Pfanne gleichmäßig auf beide Hälften. Gib jeweils einen Esslöffel der veganen Crème fraîche auf jede Hälfte und bestreue alles mit dem veganen Käse.

5. Überbacke die Zucchini ca. 30 Minuten im Ofen, bis die Oberfläche schön gebräunt ist.

Kichererbsencurry

2 Portionen

Zubereitung: 30 Minuten

Zutaten

2 Tassen Reis
1 rote Zwiebel
Öl
1 Dose Kichererbsen (ca. 400 g)
1 EL Sojasauce
1 Karotte
½ Zucchini
2 EL Tomatenmark
100 ml Kokosmilch
50 ml Mandeldrink
Currypulver
Paprikapulver
Salz und Pfeffer
gehackte Petersilie

Zubereitung

1. Als Erstes bereitest du den Reis nach Packungsangabe zu.

2. Inzwischen kannst du die Zwiebel schälen und hacken. Dann gibst du sie mit etwas Öl bei mittlerer Hitze in eine Pfanne. Spüle die Kichererbsen in einem Sieb unter fließendem Wasser ab und gib sie zusammen mit der Sojasauce zu der Zwiebel.

3. Schäle die Karotte und schneide sie genauso wie die gewaschene Zucchini in kleine Stückchen. Gib beides in die Pfanne und gare das ganze Gemüse weitere 5 Minuten. Anschließend gibst du das Tomatenmark sowie die Kokosmilch und den Mandeldrink hinzu. Jetzt gut umrühren und dann mit Currypulver, Paprikapulver, Salz und Pfeffer abschmecken. Jetzt muss das Curry noch ca. 3 Minuten köcheln.

4. Zum Servieren verteilst du es mit dem Reis auf Teller. Toppen kannst du das Ganze mit etwas gehackter Petersilie.

STICKY

Tofu

2 Portionen

Zubereitung: 40 Minuten

Zutaten

1 Block Tofu deiner Wahl (ca. 200 g)
4 EL Kartoffelstärke

SAUCE

2 EL Sojasauce
1 EL Reisessig
1 TL Knoblauchpulver
1 ½ EL Ahornsirup
1 EL Sesamöl
2 EL Sesam

Tipp

Ich esse den Tofu am liebsten mit Reis und dem Gurkensalat von Seite 84!

Zubereitung

1. Lege den Tofu auf ein Schneidebrett und wickle ihn in mehrere Blätter Küchenrolle ein. Am besten beschwerst du den eingewickelten Tofu noch mit einem Gewicht (Bücher), damit er möglichst viel Flüssigkeit abgibt. Das Ganze dauert ungefähr 20 Minuten. Anschließend schneidest du den Tofu in kleine Würfel.

2. Für die Sauce verrührst du die Sojasauce, den Reisessig, das Knoblauchpulver, den Ahornsirup, das Sesamöl und die Sesamkörner mit 1 EL Wasser.

3. Gib die Kartoffelstärke in eine Schüssel, füge die Tofuwürfel hinzu und vermische alles. Anschließend gibst du die Würfel in eine große Pfanne und brätst sie bei mittlerer Hitze. Sobald sie leicht gebräunt sind, kannst du sie wenden. Nach ca. 4 Minuten gießt du die Sauce darüber und lässt alles kurz aufkochen – fertig!

Knuspriger Tofu

MIT REIS, ERDNUSSSAUCE UND GEMÜSE

2 Portionen

Zubereitung: 20 Minuten

Zutaten

2 Tassen Reis
1 Block Tofu deiner Wahl (ca. 200 g)
2 Karotten
1 Paprikaschote
1 EL vegane Butter
1 EL Sesamöl
2 EL Sojasauce
1 Handvoll Cashewkerne

ERDNUSSSAUCE

1 EL Erdnussbutter
1 EL Sojasauce
1 EL Reisessig
1 EL Ahornsirup
1 EL Limettensaft
1 EL Sesamöl
1 EL Erdnüsse
1 EL Sesam
etwas Wasser

Zubereitung

1. Zuerst bereitest du den Reis nach Packungsangabe zu.

2. Lege den Tofu auf ein Schneidebrett und wickle ihn in mehrere Blätter Küchenrolle ein. Beschwere ihn mit einem Gewicht (Bücher) und lass ihn 5 Minuten stehen.

3. Während dem Tofu das Wasser entzogen wird, kannst du die Karotten schälen und in dünne Scheiben schneiden, die Paprika schneidest du nach dem Waschen in Streifen. Gib beides nun mit der veganen Butter in eine Pfanne und gare es bei mittlerer Hitze, sodass ein Buttergemüse entsteht. Wende das Gemüse regelmäßig, damit es nicht anbrennt.

4. Wickle den Tofu aus und schneide ihn in kleine Würfel. Gib das Öl in eine Pfanne und füge den Tofu hinzu. Brate ihn bei mittlerer Hitze und wende die Würfel regelmäßig, sodass sie von allen Seiten eine leicht goldbraune Farbe annehmen. Nach etwa 4 Minuten gibst du die Sojasauce hinzu.

5. Du kannst in einer weiteren Pfanne die Cashewkerne kurz rösten.

6. Bereite nun nach dem Rezept auf Seite 98 die Erdnusssauce zu.

7. Zum Servieren verteilst du den Reis auf Schüsseln oder Teller und fügst den Tofu sowie das Gemüse hinzu. Mit den Cashewkernen bestreuen und mit der Erdnusssauce servieren.

Sweets

Das Beste kommt zum Schluss – hier findest du ein paar süße Sachen! Sie eignen sich perfekt als Nachtisch oder als Snack für zwischendurch!

Schoko-Bananen-
BROT

1 Brot

Zubereitung: ca. 15 Minuten
Backzeit: 35–40 Minuten

Zutaten

Öl zum Einfetten
4 EL Nüsse (ich nehme am liebsten Cashewkerne und Walnüsse)
4 Bananen (3 Bananen rein und 1 Deko)
80 g Haferflocken
100 ml Ahornsirup
2 EL vegane Butter
60 ml Haferdrink
2 EL Apfelmus
2 TL Backpulver
170 g Vollkornmehl
30 g gehackte Schokolade oder Schokodrops

Auch ich habe in der Pandemiezeit immer wieder Bananenbrot gebacken und das Rezept verfeinert. Deshalb kann ich dir nun das ultimative Rezept für Schoko-Bananenbrot geben!

Zubereitung

1. Heize den Backofen auf 180 °C Umluft vor und fette eine Kastenform ein.

2. Gib die Nüsse in den Mixer und zerkleinere sie. Anschließend schälst du die Bananen und gibst drei davon sowie die Haferflocken hinzu und mischst das Ganze auf mittlerer Stufe ca. 20 Sekunden. Nun gibst du den Ahornsirup, die vegane Butter, den Haferdrink, das Apfelmus, das Backpulver und das Vollkornmehl hinzu und vermengst das Ganze, bis keine Stückchen mehr zu sehen sind. Jetzt noch von Hand die Hälfte der gehackten Schokolade unterrühren.

3. Nun füllst du den Teig in die gefettete Backform. Schneide die restliche Banane der Länge nach in der Mitte durch und lege beide Hälften auf den Teig. Bestreue die Oberfläche mit den restlichen Schokostückchen.

4. Gib das Bananenbrot nun für ca. 35–40 Minuten in den Ofen. Nach 30 Minuten kannst du eine Garprobe machen: Stich mit einem Messer in die Mitte. Wenn nach dem Herausziehen kein Teig an der Klinge haftet, ist das Brot fertig und du kannst es aus dem Ofen nehmen. Jetzt muss es noch ein paar Minuten abkühlen, dann kannst du es aus der Form nehmen und anschließend aufschneiden.

Obstsalat

2 Portionen

Zubereitung: 10 Minuten

Zutaten

1 Pfirsich
1 Apfel
1 Handvoll Weintrauben
1 Mango
1 Banane
2–3 EL Orangensaft
1 TL Zitronensaft
1 TL Ahornsirup

Tipp

Falls du den Salat ein wenig süßen willst, kannst du noch ein paar Schokodrops unterrühren oder etwas Erdnussbutter oder Schokocreme an die Seite geben.

Obstsalat ist supereasy, geht total schnell und schmeckt dazu noch extrem gut! Das Ganze kannst du natürlich auch mit Obst deiner Wahl machen, am besten mit saisonalen Früchten. Den Kalender findest du auf Seite 16–17.

Zubereitung

1. Das Obst waschen, falls nötig schälen, entkernen und in mundgerechte Stücke schneiden. Gib alles in eine Schüssel, füge den Orangensaft, den Zitronensaft und den Ahornsirup hinzu und vermenge alles gut.

Crêpes

etwa 12 Crêpes

Zubereitung: 20 Minuten
Ruhezeit Teig: mind. 1 Stunde

Zutaten

200 g Weizenmehl
15 g Speisestärke
200 ml Wasser
300 ml Hafer- oder Mandeldrink
50 g Zucker
2 EL Apfelmark
etwas Öl

Da meine Mutter Französin ist, bin ich mit Crêpes aufgewachsen. Und deshalb darf hier eine vegane Variante auf keinen Fall fehlen.

Zubereitung

1. Gib alle Zutaten bis auf das Öl in eine Schüssel und vermische sie mit dem Handmixer (oder verwende die Küchenmaschine).

2. Lasse nun den Teig mindestens 1 Stunde im Kühlschrank ruhen. (Um das beste Ergebnis zu erzielen, kannst du den Teig bis zu 12 Stunden ruhen lassen.)

3. Rühre den Teig danach noch einmal gut durch. Erhitze eine Pfanne bei mittlerer Temperatur und gib etwas Öl hinein.

4. Nimm nun eine Schöpfkelle und gieße portionsweise den Teig in die Pfanne. Als Maßstab: 1 Schöpfkelle entspricht 1 Crêpe, damit diese dünn bleiben. Wende die Crêpes nach 30–40 Sekunden, sodass sie auf beiden Seiten eine leichte Bräune erhalten.

5. Du kannst die Crêpes einfach so genießen oder nach Wunsch belegen. Bon Appétit!

Schokobowl

MIT FLÜSSIGEM KERN

1 Portion

Zubereitung: 5 Minuten

Zutaten

1 Banane
1 EL Erdnussbutter
1 EL Kakaopulver
½ TL Backpulver
1 EL Ahornsirup
1 Stück dunkle Schokolade

Tipp

Wenn du magst, kannst zu zum Servieren noch ein paar Schokodrops dazugeben und frische Früchte wie Erdbeeren oder Bananen.

Diese Schokobowl geht unglaublich schnell und schmeckt dazu noch superlecker! Im Prinzip ist es ein Tassenkuchen, nur eben vegan.

Zubereitung

1. Gib die geschälte Banane in eine Mikrowellen-Müslischüssel und zerdrücke sie mit einer Gabel. Füge anschließend die Erdnussbutter, das Kakaopulver, das Backpulver und den Ahornsirup hinzu und vermenge das Ganze.

2. Lege ein Stück dunkle Schokolade in die Mitte der Bowl und drücke es mit der Gabel in den Teig.

3. Nun gibst du die Bowl für 70 Sekunden bei 800 Watt in die Mikrowelle. Fertig!

Dessertglas

2 Portionen

Zubereitung: 10 Minuten

Zutaten

Obst deiner Wahl (ich nehme gern 2 Bananen, 2 Handvoll Erdbeeren oder 2 Birnen)

40 g Schokolade oder Schokodrops

3 Hafercookies

300 ml Soja-Joghurt

Wenn ich jemanden zum Essen einlade, dem ich die vegane Küche näherbringen möchte, verzweifle ich regelmäßig bei der Suche nach einem guten Nachtisch, der nicht zu üppig ist, gut schmeckt und dazu noch schön aussieht … Tadaaaa, hier ist die Lösung für meine Probleme: ein Dessertglas.

Zubereitung

1. Zunächst bereitest du alles vor: Wasche, schäle und entkerne falls nötig das Obst deiner Wahl und schneide es dann in kleine Stücke, zerkleinere die Schokolade und zerbrösele die Hafercookies.

2. Zum Anrichten brauchst du zwei Gläser. Gib zunächst eine Schicht Joghurt in jedes Glas, anschließend eine Schicht Obst, dann eine Schicht Cookiekrümel. Das Ganze wiederholst du so lange, bis die Zutaten aufgebraucht sind. Ende mit einer Schicht Joghurt, streue die Schokostückchen darauf und gib noch etwas Obst hinzu.

Register

Behind the Scenes

IMPRESSUM

Tasty but make it vegan. Über 60 easy Rezepte für den Einstieg in die vegane Küche

MIX
Papier | Fördert gute Waldnutzung
FSC® C109273
FSC www.fsc.org

Klimaneutral
Druckprodukt
ClimatePartner.com/20273-2210-1013

1. Auflage

Weyerstraße 88–90
50676 Köln

Text: © Laura Sophie
Fotos, Coverfoto und Autorenfoto: © Nina Schmiedel / ALL IN – Artist Management GmbH
Layout, Design & Satz: Bernadett Linseisen (schere.style.papier), München
Illustration: Hintergrund: Designed by dgim-studio/Freepik; Kreise: Designed by saragnzalez/Freepik; Pfeile: Designed by starline/Freepik; Seite 9, 12, 13, 17, 51, 52, 53, 66, 68, 70 und 72: Designed by macrovector/Freepik; Seite 105: Designed by Frimufilms/Freepik; alle weiteren Illustrationen: Designed by Freepik
Projektleitung: Hanna Kirsch
Lektorat: Carmen Söntgerath
Gesamtherstellung: Community Editions GmbH
Gesetzt aus der Sophia von © Emily Spadoni und der Brandon Grotesque von Adobe Fonts.

ISBN 978-3-96096-275-5

Printed in Poland

www.community-editions.de